生徒指導体制

を構築するための

実践ガイド

―データでみる教師認識の特性―

瀬戸健一・瀬戸美奈子 著

風間書房

はじめに

　学校現場は急速に変化する社会の中で生徒指導上の多様な問題を抱えており、組織的な対応が求められています。いわゆる生徒指導体制の構築として、教師集団が共通の指導方針・目標を共有しつつ、個々の教師の指導観が尊重され、同僚教師や家庭・専門機関などと連携すること、が必要であるとされてきました。しかし、現実には様々な問題が山積しています。生徒指導体制の実際はどうなっているのか、より研究的視点、具体的には教師集団の認識の差異を数量的データ分析から解説したのが本書です。「生徒指導体制を構築するための実践ガイド（データでみる教師認識の特性）」として、学会誌や研究紀要に投稿された研究論文がベースになっています。なぜ、現場の先生方にとっつきにくいであろう研究論文を中心に据えたのか。

　それは、「生徒指導体制における共有理論と固有理論の研究（瀬戸, 2017）」論文が、電子データベース図書館（インターネットから蔵書検索などが可能）でのダウンロード回数において、予想を大きく上回ったからです。今までにない経験でした。基礎研究にもかかわらず現場の先生方の目に留まったことは大変光栄なことでした。その背景には、学校現場の切迫した要請があるのではないかと判断し、この度、出版の機会を得ました。

　学校現場の合言葉である生徒指導体制とは何か、数量的データ分析を通して、教師集団の認識の差異の実際に接近しようとするのが本書の目的です。限られたデータ分析のため、限界がありますが、生徒指導のクライマックスに欠かせない生徒指導体制について報告しました。なお、数量的データ分析には、統計用語が出てきますが、あえて掲載しました。第1章から第8章が、瀬戸健一、第9章・第10章は、瀬戸美奈子が担当しています。序章に、各章の研究論文の要旨を説明しました。

　数ある本の中から本書を手にとっていただいた方へ、心よりお礼の言葉を述

べたいと思います。関心のあるページからお読みいただき、ご意見ご批判をお寄せいただければ幸いです。

目　次

はじめに　　i

序　章　各章の研究論文の要旨と研究のイメージ　*1*

 (1)　各章の研究論文の要旨と研究のイメージ　*1*

 (2)　本文に出てくる統計用語の簡単な説明　*14*

第1章　生徒指導体制における共有理論と固有理論の研究　*17*

第1節　問題と目的　*18*

第2節　研究の背景　*21*

 (1)　モデル発想法への挑戦　*21*

 (2)　実践と理論の関係　基本的理解　3類型　*24*

 (3)　先行研究の概観　生徒指導体制の設定　*27*

 指導イメージの理論的な枠組み例　*30*

 (ア)　目的と方法原理の観点　*30*

 (イ)　機能の観点　*30*

 (ウ)　ガイダンス・カウンセリング、積極的生徒指導・消極的生徒指導の観点　*31*

 (エ)　ガイダンス・カウンセリングの観点　*31*

第3節　実践報告（講義内での生徒指導モデル・プレゼンテーション）　*32*

 (1)　実践報告の時期等　*32*

 (2)　実践報告のテーマ　「私の考えた生徒指導モデル」　*32*

 (3)　実践報告　*32*

第4節　実践報告にみる「実践と理論の関係」共有理論と固有理論　*33*

 (1)　評価の時期等　*33*

 (2)　評価の観点　*33*

 (3)　評価の結果　*34*

第5節　課題と提言　*39*

　　　［引用・参考文献］　*40*

第2章　消極的生徒指導と積極的生徒指導の検討の試み
―生徒指導連絡協議会に参加した教師の認識に着目して―　*43*

第1節　問題と目的　*44*

第2節　調査方法　*49*

　1　研究1　文献研究　*49*

　2　研究2　アンケート調査　*49*

第3節　調査結果と考察　*50*

　1　研究1の結果　*50*

　2　研究2の結果　*52*

　　(1) 教師属性・学校属性と両生徒指導のカテゴリー得点、共感的態度得点の
　　　関係　*53*

　　(2)「各要因の相関」　*55*

　　(3)「質問項目に着目した回答結果の分類」　*56*

　　(4) 結果のまとめと考察　*57*

第4節　総合的考察　*61*

　　［引用文献］　*64*

　　資料　*66*

第3章　高校教師の指導観と同僚評価の関連
―教師集団の認識の差異に着目して―　*71*

第1節　問題と目的　*72*

　　(1) 先行研究の概観　「指導観」「同僚との関係」　*73*

　　(2) 個人属性と学校属性　*75*

第2節　研究方法　*76*

　　(1) 質問紙の構成　*77*

(2) 質問紙の内容　*78*

第3節　調査結果と考察　*79*

(1) 調査対象　*79*

(2) 個人属性・学校属性と各カテゴリー得点　*80*

(3) 各得点の相関関係—相関係数（r > .20）を基準として相関関係を判断—　*81*

(4) 各得点の教師属性・学校属性別の平均値の比較（Tukey 法）　*82*

(5) 教職経験の差異　*83*

(6) 各年代での相関係数　*83*

第4節　総合的考察　*85*

［引用文献］　*90*

資料　*92*

第4章　協働的な生徒指導体制における教師認識の検討
—小学校・中学校・高校における教師認識の差異に着目して—　*95*

第1節　問題と目的　*96*

第2節　調査方法　*99*

(1) 質問紙の作成　*99*

(2) 調査の概要　*100*

第3節　調査結果　*101*

(1) 教師属性・学校属性とカテゴリー得点　*101*

(2) 個人属性・学校属性と各得点の相関関係と平均値の比較—相関係数（r > .20）を基準として相関関係を判断—　*103*

(3) 学校種ごとの各得点の相関関係—相関係数（r > .20）を基準として相関関係を判断—　*104*

第4節　考察　*105*

(1) 小学校教師　*105*

(2) 中学校教師　*106*

(3) 高校教師　*107*

［引用文献］　*110*

資料　*112*

第5章　生徒指導のモデル発想法　*117*

第1節　教職大学院・院生の作成したモデルの紹介　*118*

　1　発電機モデル（小学教師）―子どもの勇気づけを支える教師のスタンス―
　　　118

　2　学校洗濯機モデル（高校教師）　*120*

　　（1）生徒指導「学校洗濯機モデル」の概略（作者のコメント）　*120*
　　（2）生徒指導「学校洗濯機モデル」について（作者のコメント）　*121*

第2節　大学院生（臨床心理学）の作成したモデルの紹介　*122*

　1　フラワーモデル　支援の花を咲かす情報の共有　*122*
　2　時計モデル　カウンセラーのこまめな調整力　*123*

第3節　モデル発想法の理論的背景　実践者の比喩的表現　*125*

第4節　生徒指導観についてのモデルの作り方、ワークシート　*126*

第6章　生徒指導体制の総合的な研究1　「教師ビリーフ」
と「指導の悩み」・「悩みのサポート」・「組織評価」の関連　*131*

第1節　問題と目的　*132*

　　（1）生徒指導にみる教師ビリーフの研究　*133*
　　（2）教師ストレスとしての研究　同僚サポートの存在　*134*

第2節　調査方法　*135*

　　（1）質問紙の作成　*135*
　　（2）調査の概要　*135*

第3節　調査結果と考察　*140*

　　（1）調査対象　*140*
　　（2）各カテゴリー得点　*140*
　　（3）各得点の相関係数―相関係数（ r ＞ .20）を基準として―　*141*
　　（4）「教師ビリーフ（指示・指導による規律）」得点と各要因の平均値の比較
　　　（多重比較）　*141*

第4節　総合的考察　*145*

　　（1）個人属性（教職経験）の差異　*146*

(2)「A 教師ビリーフ」と「B 指導の悩み」の関連　*146*

(3)「A 教師ビリーフ」と「C 悩みのサポート」の関連　*147*

(4)「A 教師ビリーフ」と「D 組織評価」の関連　*147*

［引用文献］　*149*

第7章　生徒指導体制の総合的な研究2　校内において機能する システムの検討—生徒指導体制のキーパーソンに着目して—　*151*

第1節　問題と目的　*152*

第2節　調査方法　*157*

第3節　調査結果　*158*

　1　研究結果1　*158*

　(1)　アンケート質問項目　*158*

　(2)　教師属性・学校属性と校内体制のカテゴリー得点　*159*

　2　研究結果2　*162*

　(1)　各要因の職種別・教職経験別の平均値の比較　*162*

　(2)　各要因の相関　*163*

　(3)「質問項目に着目した回答結果の分類」　*165*

　3　結果のまとめと考察　*168*

　(1)　各カテゴリーの賛同度　*168*

　(2)　教師属性・学校属性と各得点の差異　*168*

　(3)　消極的生徒指導の実践度による3類型　*168*

第4節　総合的考察　*170*

　(1)　キーパーソンの存在　*170*

　(2)　職種や心理要因　多面的に認識されたシステム　*171*

　　［引用文献］　*173*

第8章　生徒指導体制の総合的な研究3　不登校生徒における チーム援助の検討—学校組織特性と被援助志向性に着目して—　*175*

第1節　問題と目的　*176*

第2節　研究方法　*180*

　1　調査内容と測定尺度　*180*

　　(1) チーム援助の活動内容　*180*

　　(2) 学校組織特性　*181*

　　(3) 教師の被援助志向性尺度　*181*

　2　調査対象者と調査時期　*181*

　3　実施の手続き　*182*

第3節　結果と考察　*182*

　1　調査項目に関する因子分析　*182*

　2　チーム援助の活動内容と学校組織特性および被援助志向性得点の基本
　　統計量と多重比較　*184*

　3　チーム援助の活動内容と学校組織特性および被援助志向性との相関　*187*

第4節　総合的考察　*189*

　　［引用文献］　*193*

第9章　連携におけるコーディネーション研究1　*197*

第1節　問題と目的　*198*

第2節　方法　*201*

　1　尺度の作成　*201*

　　(1) コーディネーション行動尺度　*201*

　　(2) コーディネーション能力・権限尺度　*203*

　2　尺度の内容的妥当性の検討　*204*

　3　調査対象者と手続き　*204*

第3節　結果と考察　*204*

　1　コーディネーション行動、コーディネーション能力・権限尺度の因子
　　的妥当性と信頼性の検討　*204*

　　(1) 個別援助チームに関するコーディネーション行動尺度　*205*

　　(2) システムに関するコーディネーション行動尺度　*206*

（3）コーディネーション行動能力・権限尺度　*208*

2　コーディネーション行動、コーディネーション能力・権限の役割別得点　*211*

3　コーディネーション能力・権限がコーディネーション行動に与える影響　*213*

第4節　総合考察　*214*

1　コーディネーション行動とその基盤の能力・権限　*214*

2　コーディネーション行動における役割分担　*216*

　［引用文献］　*218*

第10章　連携におけるコーディネーション研究2　*227*

第1節　問題と目的　*228*

第2節　方法　*230*

1　時期　X年度〜X＋2年度（3年間）　*230*

2　対象　公立A中学校　*230*

3　手続き　*230*

第3節　結果と考察　*231*

1　第1期（X年度）SCの配置とコーディネーションチームの形成　*231*

（1）初期のアセスメントと目標の設定　*231*

（2）実践の経過　*232*

（3）援助活動の見直し　*233*

（4）第1期のまとめ　*234*

2　第2期（X＋1年目）SC連携システムの構築　*235*

（1）初期のアセスメントと目標の設定　*235*

（2）実践の経過　*235*

（3）援助活動の見直し　*237*

（4）第2期のまとめ　*237*

3　第3期（X＋2年目）コミュニケーションの促進と情報共有のシステム化　*238*

（1）初期のアセスメントと目標の設定　*238*

（2）実践の経過　*238*

（3）援助活動の見直し　*240*

（4）第3期のまとめ　*240*

第4節　総合考察　*241*

1　事例のまとめ　*241*

2　コーディネーション行動と援助システムの活性化　*243*

（1）コミュニケーションの促進　*243*

（2）援助サービス運営の改善　*244*

（3）援助資源の活用　*244*

（4）援助サービスの提供とプログラム開発　*245*

3　実践への提言　*245*

［引用文献］　*247*

おわりに　*249*

序 章

各章の研究論文の要旨と研究のイメージ

　学校現場の合言葉である生徒指導体制とは何か、教師認識の差異を通して、その実際に接近しようとするのが本書の目的である。

　以下、各章の研究論文の要旨と研究のイメージを説明したい。

(1) 各章の研究論文の要旨と研究のイメージ

　第1章では、生徒指導体制にかかわる教師認識の実際を、共有理論と固有理論の観点から研究した。生徒指導体制は①指導イメージの明確化（適用範囲は児童生徒、カウンセリング機能とガイダンス機能）、②校内連携（適用範囲は同僚教師）、③校外連携（適用範囲は家庭地域・関係機関）、からなる。本研究では、実践者や研究者に共有された理論を共有理論として設定し、個々の実践者に固有の理論を固有理論として設定し、両者の差異を検討することで、「実践と理論の関係」を明らかにしている。

　教職大学院の院生が発表した生徒指導モデルは、「Cタイプ、実践者の内部にある理論」であり、実践家の強いモチベーションに基づいており固有の理論である。貴重ではあるが、先行研究（生徒指導提要など）である「Aタイプ、外部にある理論」と比較した場合、実践指標の再現率は二分され、再現率の高低が出現する可能性がある。「実践と理論の融合」を目指すためには、「Cタイプ、実践者の内部にある理論」であろう本研究での固有理論を省察し、より深化させるのか、外部理論である共有理論の再現率を高めるのか、今後も検討が必要である。

共有理論

生徒指導体制を設定

下位概念	適用範囲
指導イメージの明確化	児童生徒・ガイダンス機能 カウンセリング機能
校内連携	同僚教師
校外連携	家庭地域・関係機関

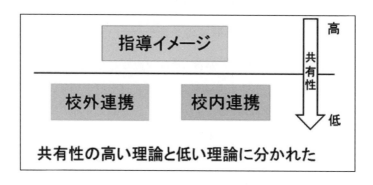

指導イメージ

校外連携　　　　校内連携

共有性　高　低

共有性の高い理論と低い理論に分かれた

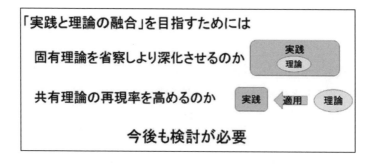

「実践と理論の融合」を目指すためには

固有理論を省察しより深化させるのか　　実践／理論

共有理論の再現率を高めるのか　　実践　←適用　理論

今後も検討が必要

　第2章は、前章の①指導イメージの明確化に着目し、生徒指導観にかかわる教師認識の実際を消極的生徒指導・積極的生徒指導の具体的指標の観点から研究した。数量的検証として両生徒指導指標の賛同度・実践度・効力度にみる共通性と困難度3類型の差異に着目している。最後に個人志向性と集団志向性の観点から、提言がなされている。

　本研究は、結果のまとめのように、生徒指導目標への賛同・実践・効力における高得点傾向と困難の認識という得点の分布において、教師回答は数量的に異なった様相を見せている。このことが本研究の第一の成果である。

　次に、消極的生徒指導困難性の認識によって教師集団は3類型に分類されることが明らかになった。この3類型は積極的生徒指導、共感的態度の困難性においても同様に有意差を示した。このことは重要なことであり、両生徒指導、共感的態度のすべてにおいて同じような程度で、教師は困難を認識しており、消極的生徒指導が困難ならば、積極的生徒指導・共感的態度に対していずれも同程度の困難を感じていることになる。このことが本研究の第二の成果である。

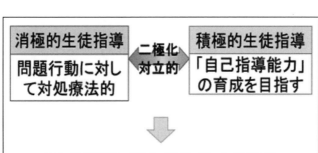

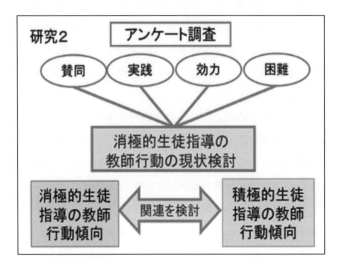

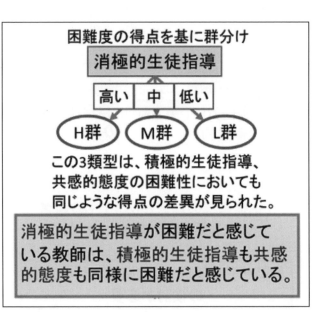

　第3章は、次のようになる。第1章の①指導イメージの明確化と②校内連携、の関連を見るため、新たな同僚評価という概念を想定し研究した。数量的検証として消極的生徒指導困難度・同僚評価の関連から、20代・30代・40代・50代教師の認識の差異に着目している。年代別に指導観・同僚評価の相関を比較した結果、若手教師20代30代とベテラン教師50代は両者の相関が認められた。それに比べて、40代の中堅教師は相関がみられなかった。中堅教師の同僚教師との独特な関係性が示唆された。

　いわゆる生徒指導体制として、教師集団が共通の指導方針・目標を共有しつつ、個々の教師の指導観が尊重され、同僚教師と共同歩調をとること、が必要であるとされてきた。本研究は、教師集団の認識の差異を指導観・同僚評価観（属性の差異）から検討した。その結果、指導観のなかでも消極的指導について教職経験による相関係数（指導観・同僚評価）の差異が認められた。限られた質問紙に限定した調査であるため、「生徒指導体制」の全体像を検討することはできないが「教師集団の年代別認識の差異」が認められた。

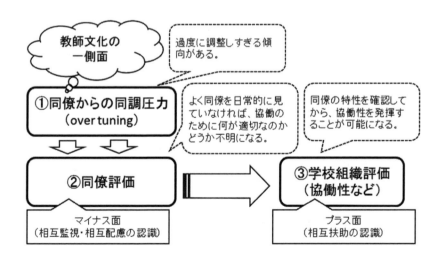

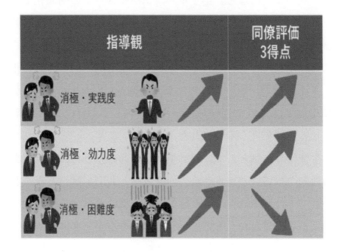

指導観	同僚評価 3得点

（消極的）指導の困難感
- 20代は「調和評価」「関係評価」が負の弱い関連

（消極的）指導の効力感
- 20代は「調和評価」「関係評価」が正の弱い関連
- 30代は「調和評価」「指導評価」「関係評価」が正の弱い関連
- 50代は「指導評価」「関係評価」が正の中程度の関連

（消極的）指導の実践度
- 中堅・前期の30代は「調和評価」「指導評価」が正の弱い関連

（消極的）指導の賛同度
- 中堅・前期の30代は「調和評価」「指導評価」「関係評価」が正の弱い関連

　第4章は、第1章の①指導イメージの明確化、②校内連携、の関連に着目し、協働的な生徒指導体制にかかわる教師認識の実際を研究した。小学校教師・中学校教師・高校教師の差異に着目している。調査の結果、高校教師は小・中学校教師と比べて自分の教育活動の場を教科や学年など、同僚間の協働が必要な範囲が大きいと考えており、このため校内連携の困難度と同僚関係の評価が関連していることが認められた。

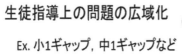

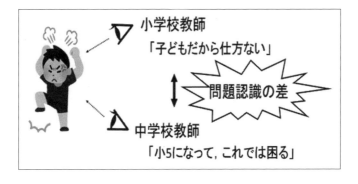

小学校・中学校・高校により
生徒指導体制の有り様は異なる

生徒指導観の困難感認識と
日常的な同僚との協働性認識が
どのように関連し,
学校段階によってどのように異なっているのか

	小学校	中学校	高校
生徒指導観(困難感)との関連			強
同僚教師への眼差し			強

学校段階が上がるほど生徒指導観(困難感)との関連や
同僚教師への眼差しが強くなる。

　第5章は、モデル発想法の解説である。モデル発想法とは「問題とする事象を単純化し、関係する要素を構造化したもの」である。第1章で挙げた17の生徒指導モデルが、本書の出発点となっている。簡単なワークシートもつけて解説している。

　第6章は、総合的研究1として「A（生徒指導における）教師ビリーフ」の認識を出発点として、「B 指導の悩み」の認識の差異があるのか、それと同時に「C 悩みのサポート」「D 組織評価（協働性など）」の認識の差異があるのか、明らかにしてきた。

「A 教師ビリーフ」の認識の差異→「B 指導の悩み」の認識の差異

　　　　　　　　　　　→「C 悩みのサポート」の認識の差異

　　　　　　　　　　　→「D 組織評価（協働性など）」の認識の差異

　限られたデータからの解釈には、限界が認められるが、教師ビリーフの程度と指導の悩みの程度は関連がなかった。このことは、貴重な事例報告である山口（2011）の知見とも重なった。教師ビリーフからくる負担感という生徒指導における「影」の説明だけではなく、喜びや満足という生徒指導における「光」の説明とも重なるものである。

　また、教師ビリーフを細かく見れば、本研究では3つの教師ビリーフを設定しており、「生徒の素直さ、同僚歩調」という教師ビリーフの高い教師は、職場の協働性や同僚教師との情報共有の程度を高く認識していることが明らかになった。また、「指示・指導による規律」という教師ビリーフの高い教師は悩みのサポートとしての同僚の対応や教師としての自信を高く認識していた。3つのビリーフは相互に関連しているが、実践者として自分自身のビリーフを省察する際、「指示・指導による規律」「生徒素直さ、同僚歩調」「毅然とした指導、指導体制」という3つのビリーフ、それぞれの相違点を押さえておく必要があるであろう。

　限られた研究結果ではあるが、日常的な生徒指導体制を構築するためには
「日常的な指導の事例や困難」に関して教師自身のビリーフを省察するための
時間が確保される必要がある。一例として、教師ビリーフに焦点化した校内研
修を企画することが望まれる。

　第7章は、総合的研究2として校内で機能するシステムの観点から、生徒指
導体制を検討するため、消極的生徒指導・実践度の教師認識の傾向が校内連
携・校外連携における教師認識の傾向と関連があるのか明らかにし、次に教師
集団の差異があるのかを明らかにしている。いわゆる主任クラスの教諭が校内
体制において影響している可能性も認められた。校内において機能するシステ
ムとして主任クラスの教師の活躍が想定できる。これらの教師の活躍をキーパ
ーソンとして捉えることができる。キーパーソンとは何か、その研究はこれか
らである。

　生徒指導体制の在り様は、小・中・高校などの学校段階、学校の規模や地域の状況等によって違いはあるが、しっかりした生徒指導体制の確立、つまり学校において恒常的・継続的に機能するシステムの構築は、どの学校においても問われている共通の課題である。

　第8章は、総合的研究3として不登校生徒へのチーム援助活動の内容に着目し、①学校組織特性との関連を明らかにする。学校組織特性とは、教師集団の凝集性や一体感の醸成に働きかけるものを指し、所属する教師集団の「協働性」「学習充実」「職場満足」等の認知と関連している。次に、連携行動に影響を与える教師個人レベルの要因のひとつとして、②教師の被援助志向性との関連を明らかにしている。そして、チーム援助の活動内容と教師の認知している学校組織特性及び被援助志向性との関連を明らかにすることで教師の協働の実際を検討し、不登校生徒への対応について提言している。

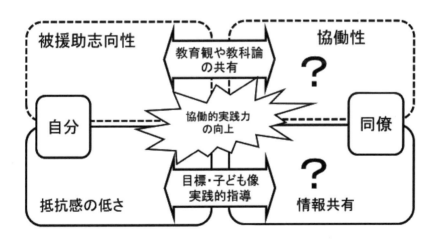

　本研究の結果からは不登校生徒の対応に関する教師間の連携に関しては、①の組織的な連携行動を積極的に実践する教師は、勤務校では教師の協力体制が

あり、分掌が機能的に活動しており、校内研修が活発で管理職の理解があると評価していた。次に、②の「援助関係に対する抵抗感の低さ」が関連しており、援助に対する欲求と態度は関連していなかった。積極的に役割分担を展開した教師は、援助に対する抵抗感が低いということ、また、援助に対する欲求が高い教師であっても、実際の連携行動には結びついていないということである。援助に対する欲求が高い教師であっても連携行動に結びついていかない要因のひとつとして、適切な連携相手が学校内に不在であると考えるならば、SC 非配置校においては学校外の専門家（例えば SC や相談員など）に相談しやすい地域全体の相談システムをつくる必要がある。教育行政からの相談システム構築という観点も必要になる。田村・石隈（2001）は教師にとって同僚や管理職は援助資源であるが、一方では、彼らとの日常的な人間関係は悩みの源でもあると報告している。また SC など外部専門家との連携は、援助に対する抵抗感が高くても現実には活用できる可能性があるとしている。

　以上、第 8 章は、総合的研究 3 として不登校生徒へのチーム援助活動の内容に着目している。続いて、第 9 章では、個別援助チームとシステムの観点から、教師の連携におけるコーディネーション行動を分析している。同じく、第 10 章では、教師の連携におけるコーディネーション行動として、A 中学校における教育相談体制の変化を考慮し、X 〜 X ＋ 2 年度を年度ごとに 3 期に分けて事例を分析している。

　第 9 章は、連携におけるコーディネーション行動は、個別援助チームレベルでは、アセスメント・判断、説明・調整、保護者・担任連携、専門家連携の 4 因子、システムレベルでは、情報収集、広報活動、マネジメント、ネットワークの 4 因子から説明できた。本研究の結果から、コーディネーション行動について 2 点考察する。

　第一に、専門家連携とネットワークは関連が強く、その他の校内の援助サービスのコーディネーションは相互に関連が強いという結果から、コーディネーション行動には校内の援助サービスのコーディネーションと校外とのコーディ

ネーションの双方から検討する必要性が示唆された。これは学校教育相談の視点と一致する

　第二に、コーディネーション行動は、本研究のコンサルテーションの定義と呼応し、システム、援助資源、援助活動の3つの調整を含むことが確認された。つまり、①コーディネーターは心理教育的援助サービスのマネジメントに関わり、援助サービスについて広報する（システムの調整）、②生徒の保護者・担任および校外の援助者との連携や役割分担について調整を行う（援助資源の調整）、③生徒の状況について情報収集し援助に関わるアセスメントと判断（援助活動の調整）の3つである。

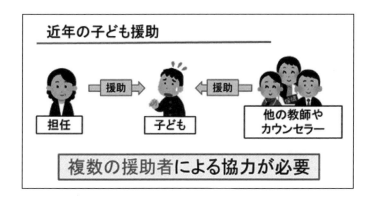

　第10章は、連携におけるコーディネーション行動として、A中学校における教育相談体制の変化を考慮し、X〜X＋2年度を年度ごとに3期に分けて記述する。

　いずれの期においても、係が中心となって、管理職への報告や、係体制の整備について会議に諮るなどマネジメント促進に関するコーディネーション行動を行っている。そしてその係のコーディネーション行動はSCによる組織へのコンサルテーションに支えられているといえる。また係は連携窓口として校内の広報活動も担うなど、システムのコーディネーションの中核として機能し、SCは自身が持つ専門機関とのつながりを生かしネットワークに関するコーディネーション行動を主に担っている。そして、生徒に関する情報収集は、SC、

係、養護教諭がそれぞれの立場を生かして行い、それを共有することで学校全体の生徒の状況を掌握している。このことから、援助システムに関するコーディネーションについて、係が中心となりながらも、複数のコーディネーターが役割分担をしながら行っていることが示唆された。

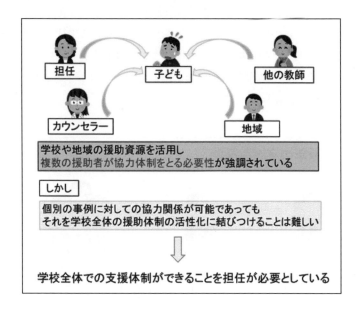

以上、各章の研究論文の要旨を説明した。

(2) 本文に出てくる統計用語の簡単な説明

本書で出てくる統計用語の意味を簡単に説明したい。

①主成分分析、因子分析

概念Aに関する質問項目（例：a 1、a 2、…a 5）の全部、または一部を得点データとして活用する際に主成分分析、または因子分析の結果を用いた。これらのプロセスを経て質問項目得点を加算し、概念Aの得点データとして算出した。主成分分析をした際には、第1主成分の寄与が高く、かつ第2主成分の

寄与が第1主成分より際立って小さく、かつ、第2主成分の寄与が1以下（あるいは1程度）である場合、第1成分を採用する。また、各尺度とも第1主成分が50％を越え、固有値の減衰状況および解釈の概念的妥当性から第1成分を採用する。主成分負荷量 .40 以上が条件となる。

②相関係数

　概念Aと概念Bの質問項目得点データの関連性をみるため相関係数をみた。正の相関とは、一方のデータが増加すると他方のデータも増加すること、負の相関とは、一方のデータが増加すると他方のデータは減少すること、相関がないとは、一方のデータの増減と他方のデータの増減に関連性が見られないことであり、因果関係を説明するものではない。相関係数は、「＋1」に近いほど「強い正の相関がある」、「－1」に近いほど「強い負の相関がある」、「0」に近いほど「ほとんど相関がない」と判断されている。相関係数 0.2~0.4 が「弱い正の相関がある」、相関係数 0.4~0.7 が「正の相関がある」、相関係数 0.7~1.0 が「かなり強い正の相関がある」となる。相関係数の一覧表では、相関係数において 0.2、0.4、0.7 あたりが一応の目安になる。

③分散分析、多重比較

　概念Aと概念Bの概念Cなど3群以上の各質問項目データ得点の平均値を比較するため、分散分析を行った。有意差のある結果は、どの概念とどの概念の平均値の差異なのか、多重比較した。

　また、統計における有意差とは、統計上、ある事柄の起こる確率が有意水準未満であること、つまり偶然であるとは考えにくいことをさす。有意差とは、統計的な計算をした結果の「p値」によって設定されている。たとえば、$p<0.05$ など「有意差」として表記されている。

　より関心のある読者は、統計解析の専門書を参照されたい。

第1章

生徒指導体制における共有理論と固有理論の研究

要 旨

　筆者の関わった教職大学院での講義「生徒指導の実際（2010年12月〜2011年2月）」における生徒指導モデルの作成、2011年度に生徒指導モデル一覧として整理、2011年度末に筆者を含めた院生など4名で分析、その後、関係する先行研究などをまとめて、2015年度、「実践と理論（生徒指導提要）の関係」とは何か、報告した。今回は、参考とする理論を生徒指導体制に限定し、さらに検討を重ねた。生徒指導体制は①指導イメージの明確化（適用範囲は児童生徒、カウンセリング機能とガイダンス機能）、②校内連携（適用範囲は同僚教師）、③校外連携（適用範囲は家庭地域・関係機関）、からなる。本研究では、実践者や研究者に共有された理論を共有理論として設定し、個々の実践者に固有の理論を固有理論として設定し、両者の差異を検討することで、「実践と理論の関係」を明らかにする。

【キーワード】指導イメージの明確化、校内連携、校外連携

第1節　問題と目的

（新井、2015）

近年、学校現場ではベテラン教員の大量退職と新人教員の大量採用が急速に進み、包括的な生徒指導を行うための考え方や方法を継承させていくことが困難な状況にある。このような状況にあって、①教員相互の実践知の積み重ねとともに、②研究による理論知と経験知の往還を図ることが不可欠であると言われている（新井, 2015）。

前段の①実践知の積み重ねに関して、筆者は次のような問題意識をもっている。

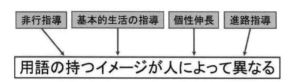

それは、学校現場の教師の懸命な努力にもかかわらず、「生徒指導の実際」を教育関係者がなかなか共有できないという現実である。実践における根源的な壁の存在である。

いわゆる教師同士の指導観の差異、指導の温度差、経験の差などはこれ

までも報告されてきたが、「生徒指導の実際」を共有するための壁は他にもあり、もっと根源的な問題があるのではないかと筆者は考えている。

　例えば、生徒指導にかかわる用語の多義性問題（解釈の多様性）である。生徒指導という用語は、実践者によってそのイメージが異なる。基本的生活の指導や非行指導から個性伸長や進路指導まで、用語のもつイメージは一様ではない。

　このような研究的側面からの視点も必要であろう。そのためには、実践者と研究者の日常的な研究交流が求められている。そのような研究交流の場として教職大学院の可能性が期待されている。後段の②研究による理論知と経験知の往還を図ることが教職大学院の使命でもある。

　各教職大学院において貴重な実践成果が報告されている（中央教育審議会, 2012）。例えば、①他校種の教員や社会人、学部新卒学生という様々な経歴を持つ者が集まり、従前の研修では得られなかった刺激を受けられるという点、また、これまで②経験と勘に基づきがちであった実践を理論的に省察する機会が得られ、改めてこれまでの実践を整理し、理論化して後進に引き継いでいける自信を持てたという点、など具体的な成果が報告されている。

　しかし、取り組むべき課題があることも指摘されている。それは「理論と実践の往還により理論に裏付けられた新たな教育実践を生み出していく方法の開発が不十分である」という指摘である。

理論と実践の往還 により、理論に裏付けられた
新たな教育実践を生み出していく方法の開発が不十分

↳ 何を指すのか?

単なるスローガンではなく、具体的な教育実践から
「理論と実践の往還」とは何かを検討する必要がある

本研究は、指摘されている「理論と実践の往還」とは何をさすのか、「理論に裏付けられた新たな教育実践を生み出す方法」とは何なのか、強い関心をもっている。全国で教職大学院の拡充が進む中、「実践と理論の往還」を単にスローガンで終わらせることなく、具体的な教育実践から「実践と理論の関係」とは何か、検討する必要がある。

共有理論	固有理論
実践者や研究者に共有された理論	個々の実践者に固有の理論

⬆ 差異を検討し ⬆
「実践と理論の関係」を明らかにする

本研究では、実践者や研究者に共有された理論を共有理論として設定し、個々の実践者に固有の理論を固有理論として設定している。両者の差異を検討することで、「実践と理論の関係」を明らかにすることが目的である。具体的には、共有理論として生徒指導体制を設定し、「理論の適用範囲の差異」を考慮したうえで、下位概念は①指導イメージの明確化（適用範囲は児童生徒、カウンセリング機能とガイダンス機能）、②校内連携（適用範囲は同僚教師）、③校外連携（適用範囲は家庭地域・関係機関）、と構造化している。共有理論は先行研究を概観し検討し、固有理論はモデル発想法を用いて個々の実践者の固有の理論を明らかにしている。

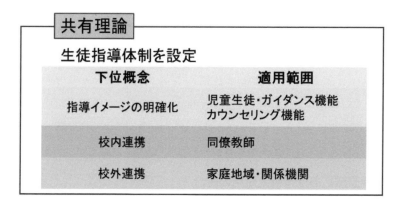

第2節　研究の背景

（1）モデル発想法への挑戦

　筆者は、上記のような「理論と実践の往還により理論に裏付けられた新たな教育実践を生み出していく方法の開発が不十分である」という問題を解決するため、実践者が各自で構築する生徒指導モデルへの取り組みを続けている。おもに、教職大学院や臨床心理学の実践者への演習になるが、一定の効果が得られている。具体的には、モデル

実践者が各自で構築する生徒指導モデルの開発

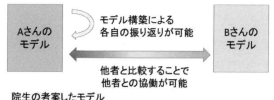

構築による各自の振り返りが可能になり、他者との比較の結果、他者との協働が可能になるという点である。2011年度、担当する受講生が考案した生徒指導モデルを報告する（表3表4表5）。院生の考案したモデルの概要にみるように「教師」「子ども」「家庭環境」「社会」「指導」「理解」などの用語は共通していてもその関係性・構造とコンセプトはそれぞれ異なっている。そのようなモデルの相違がなぜ生じるのか、そこに受講生自身の「生徒指導観・教育観」が表出している可能性がある。

モデル発想法における研究知見の紹介

　院生の声を参考に、モデル発想法の実践的成果を紹介したい。授業終了後の振り返りシートから引用すると、「モデルを考えることが、自分の学びの価値づけと構造化につながっていることが面白いと感じました」、「院生の多様なモデルに触れてみると、子どもの育ちを豊かにする要素を掘り起こす重要性に気づくことができました」、「モデルの要素を語れることは、子どもの育ちを広く、深く語ることにつながるように思います」など、一定の成果が認められる。このようなモデル発想法の活用は、特別なことではなく、企業の現場でも活用されている。失敗学の研究で知られる畑村（2003）は、文字列だけの表現だけではなく、図や絵を活用することによって、①実践者の考えも整理され、②関係者で情報が共有され、③創造のスピードが速くなると説明している。また、図や絵による伝達は、一度に伝達できる情報量が圧倒的に多いとして数々の実践事例が報告されている（畑村, 2012）。

先行研究より「理解する」ことについて、図や絵を活用することの有用性が示されている

理解
想像可能性：その言葉を聞いてイメージが作れれば理解できると判断
記号操作可能性：記号を形式的に処理できれば理解できると判断
図や絵を用いることで促進される
（畑村、2003／畑村、2012／月本、2008）

より研究的な知見として、月本（2008）は、「理解する」ということに関して次のように述べている。その言葉を聞いてイメージが作れれば、理解ができる

と判断する。それを想像可能性とよぶ。理解するということのもうひとつの側面が記号操作可能性であり、記号を形式的に処理できることであると説明している。実践者が何かを理解するということは、想像可能性・記号操作可能性の二重性を考慮することになる。

　著名な数学者の言葉を引用した月本は、一例として、「難解な数学的対象を理解するため、空間に見立てるという比喩」に着目し、数学の多くの記号操作の体系を理解するとは、その記号操作の体系のイメージを獲得することではないかと述べている。生徒指導の実際には、基本的生活指導の育成から豊かな心の育成まで、数多くの用語が散見される。生

生徒指導の体系　＝　理論である　とすると

生徒指導の理論の理解

⬇

生徒指導の記号操作の体系イメージを獲得すること

徒指導の体系を理論と考えれば、生徒指導の理論を理解するとは、その記号操作の体系のイメージを獲得することが必要である。

　このような記号操作の体系をイメージするため、図や絵を用いたモデルを設定し共有することは、人の理解をより促進することになる。宇宙の研究者で有名なホーキング（2011）は、このことを「モデル依存実在論」とよび、物理の理論や世界の描像は、モデル（一般的には数学的なもの）やモデルの要素を観測事実とつなぐ法則の集まりであると述べている。異なる分野のモデル研究を参考にすると、物理学や地学という科学の発達の歴史は、モデルの構築と修正の歴史であるといえる。例えば、原子モデルの変遷の例（益川, 2011）は次のようになる。「パウンドケーキ型モデル」⇒長岡半太郎（1903）「土星の環モデル」⇒ラザフォード（1911）「太陽系型モデル」⇒現在は「クォークモデル」。宇宙モデルの変遷の例（三田, 2009；ホーキング, 2011）は、「静的宇宙モデル（1920年代）」⇒「宇宙膨張の観測（ハッブル, 1929）」⇒ガモフ「大爆発説」⇒批判「ビッグバンモデル（子どもの擬音にちかい音により揶揄）」（ホイル）⇒現在「ビッグバンモデル」が支持されている。

(2) 実践と理論の関係　基本的理解　3類型

　実践と理論の関係については、次の三つに大別して分けられる。教育心理学に着目した佐藤（1998）は、理論的研究と実践的研究の関係について次のよう

```
① 理論の実践化
② 実践の典型化
③ 実践の中の理論

複数の実践者や研究者が理論を語る時
これらが混在して「不毛な議論」になる可能性がある
```

に説明している。第一は、実践を外部にある理念や科学的な原理の適用として認識する立場であり、「外部理論の合理的適用」として実践と理論の

関係を説明している。第二は、「実践の典型化による理論の構築」を追究する立場で、「優れた授業には一定の原理と法則が埋め込まれている」と考える立場である。第三は、「実践そのものを教員が内化している理論を外化したもの」とみなし、内在的に機能している理論を研究対象とする立場である。以上は、第一の「理論の実践化（theory into practice）」、第二の「実践の典型化（theory through practice）」、第三の「実践の中の理論（theory in practice）」として区別されている。

① 「理論の実践化（theory into practice）」

② 「実践の典型化（theory through practice）」

③ 「実践の中の理論（theory in practice）」

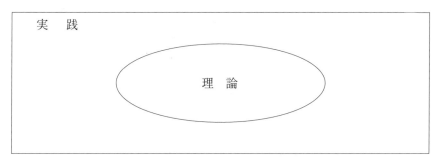

図1 実践と理論の三つの関係

　次に３類型の特徴を順に筆者が解釈し説明する。Ａタイプは、権威性のあるものによる外部からの影響が強くなるのが特徴である。権威性の前に理論の是非は、なかなか吟味されにくいのが特徴である。Ｂタイプは、優れた実践には、共通した理論があると想定するもので、検証が必要である。Ｃタイプは、実践者のモチベーションにつながる個々の実践者における内部理論である。実践者自身のこだわりやモットー、「自分がどうしても気になること」で「自分の弱さや本音をさらけ出す」ことなどが特徴的である。

　３タイプの理論観があり、複数の実践者や研究者が理論を語る際、それらは混在している。ＡやＢやＣを明確に区別するのが難しくなる可能性がある。実践者同士が白熱の議論を展開しても、「実践と理論の融合」はいわゆる不毛の議論となる危険性がある。筆者は、どのタイプの理論観も必要だと考えている。優先順位をつける必要はないであろう。しかし、Ｃタイプの内部理論は実践者にとって不可欠だと考えている。なぜならば、実践者が実践を省察した際に発見した独自の理論、その理論は眩いばかりの光とエネルギーを放つからである。言い換えれば、他者から伝達された理論は、深い所では活用されにくく、自分で発見した理論のみが深い所で活用できる可能性がある。表1にそれぞれの理論観の特徴を表示した。

表1　理論観の３類型とそれぞれの特徴

理論観の３類型	特　徴
Ａタイプ 外部にある理論	①適用範囲、説明性、予測性などから構成される ②一定の権威性があるため吟味しにくい ③伝達されても活用されにくい
Ｂタイプ 共通性のある理論	①共通性を検証するため研究的手法が必要になる場合がある
Ｃタイプ 実践者の内部にある理論	①実践家の省察プロセスが基本的に必要 ②実践家の強いモチベーションになる ③思い込みリストや持論の限界がある

　これらの説明は「省察力を高める実践テキスト（瀬戸, 2012）」でも紹介した。筆者は、「実践と理論の関係」という根源的問題を、あえて現場から離れて外から見るため、異なる世界の実践者の話題を積極的に紹介している。筆者は、このことを対比軸を設定すると呼んでいる。

　著名な映画監督であった伊丹万作は、「実践と理論の関係」について次のような名言を残している。「他者から伝えられた理論は残念ながら活用できない、自分で発見した理論のみが活用できる」「映画監督は演技の専門家でない。演技の指導を役者に伝えるとき、うまくいくときは役者の個性を引き出し両者が響き合う、うまくいかないときは訓練に留まる」。伊丹の直感的な言葉であるが、示唆に富む言葉である。やや乱暴な解釈になるが、伊丹監督の言葉を応用すれば、「他者（実践者・研究者）から伝えられた理論は残念ながら活用できない、実践者が自分で発見した理論のみが活用できる」「研究者は実践の専門家でない。実践の指導を実践者に伝えるとき、うまくいくときは実践者の個性を引き出し両者が響き合う、うまくいかないときは訓練に留まる」（佐藤, 2002）。

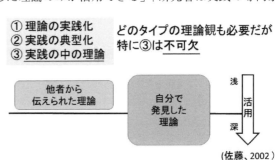

(佐藤、2002)

(3) 先行研究の概観　生徒指導体制の設定

　様々な問題に対応するための学校の役割について、学校長の立場から松尾（1999）は、学校の日常的な組織のあり方は、生徒指導上の問題発生など危機に対して弱い側面があることを説明している。それは学校における日常の業務組織が大別して「学年」「教科」「事務」の３層構造からなり、各層はさらに小さな分掌組織に分かれており、それらの分掌を横断する形で教師は複数に所属するので、結果として教師の業務は重複し、責任・権限が不明瞭となっている

という指摘である。同じく校長である富山（1999）は、問題に対処するための
協力体制をより経営論的な観点から、①学年内の支援体制を整える、②各教科
担当の協力体制を整える、③主任層を生かして学級・学年を支援する、④生徒
のメンタルヘルス、⑤保護者との協力・連携を図る、⑥関係・関連機関との連
携、と具体的な実践を提言している。これらの教師として認識された要素が、
日常的な問題に対応するため必要である。次に辻畑（1993）は、生徒指導論の
立場から、問題に対応するため、①教師の共通理解の確立、②指導組織の確立、
③担当教師の姿勢、④管理職のリーダーシップ、が代表的な指導体制の要素で
あるとしている。同じく生徒指導論の立場から松下（2003）は、①教職員の指
導協力体制、に②地域社会の人たちとの協力体制、を加え、生徒指導といえば
非行対策のような暗いイメージを持ちがちであることを懸念し、③明るいイメ
ージの指導姿勢を提言し、両者とも「校内体制」「指導体制」「協力体制」など
体制という表現を用いている。

表2　生徒指導体制の下位概念の比較例

生徒指導提要	生徒指導体制の在り方についての調査研究	学校経営論	実践的な指導論	実践的な指導論	本研究での枠組み
学校における生徒指導体制（文部科学省, 2010）	生徒指導体制の見直し（国立教育政策研究所生徒指導研究センター, 2006）	協力体制をつくるリーダーシップ（富山, 1999）	指導体制（辻畑, 1993）	指導体制（松下, 2003）	生徒指導体制（瀬戸, 2016）
①生徒指導の方針・基準の明確化・具体化	①校務分掌の組織	①学年内の支援体制を整えて担任を支援する	①教師の共通理解の確立	①教職員の指導協力体制	①教師の指導イメージの明確化
②すべての教職員による共通理解・共通実践	②学級担任や学年の連携	②教科担当者の協力体制を整える	②指導組織の確立	②地域社会との協力体制	②校内での教職員の協力関係（校内連携）

③実効性のある組織・運営の在り方	③学校全体の協力体制	③主任層を生かして学級・学年を支援	③担当教師の姿勢	③明るいイメージの指導姿勢	③地域社会・関係機関との協力関係（校外連携）
	④組織内リーダーシップやマネジメント	④関係生徒のメンタルヘルス	④管理職のリーダーシップ		
	⑤メンバーの役割分担やモラール	⑤保護者との協力・連携			
	⑥保護者やPTAとの関係	⑥関係・関連機関との連携			
	⑦関係機関等との連携				

　また、学校現場の指針となる生徒指導提要においても、「学校における生徒指導体制（文部科学省, 2010）」として、①生徒指導の方針・基準の明確化・具体化、②すべての教職員による共通理解・共通実践、③実効性のある組織・運営の在り方、が挙げられている。また、生徒指導体制の在り方についての調査研究では、「生徒指導体制の見直し（国立教育政策研究所生徒指導研究センター, 2006）」として、①校務分掌の組織、②学級担任や学年の連携、③学校全体の協力体制、④組織内リーダーシップやマネジメント、⑤メンバーの役割分担やモラール、⑥保護者やPTAとの関係、⑦関係機関等との連携、が挙げられている。

　以上、経営論を背景にもつ松尾・富山の校長としての認識、辻畑・松下の教師一般に共通するであろう生徒指導論を背景にもつ認識は、当然重なるべき要

素が多く、本研究では、まずは学校現場で共通して認識され活用されている生徒指導体制という用語に着目した。松下と辻畑の説明を参考にすれば、生徒指導体制とは、①教師の指導イメージの明確化、②校内での教職員の協力関係（以下、校内連携）、③地域社会・関係機関との協力関係（以下、校外連携）、などが理論的な枠組として浮かび上がってくる（表2）。

指導イメージの理論的な枠組み例

（ア）目的と方法原理の観点

　滝（2002）は、生徒指導における①目的と②方法原理（課題への接近方法と前提や志向等）に着目した生徒指導モデルを提言している。具体的には、①目的（「児童生徒の自主的判断・行動の推進」「問題行動への対応」）、②方法原理（「大人の積極的な介入・統制の徹底」「好ましい行動の育成」）からなる。二軸が構成する各エリアの特徴は、代表的な実践例から説明されている。

（イ）機能の観点

　犬塚（1995）は、現職教師が抱く生徒指導に対するイメージが消極的イメージ（59.7％）・中立的イメージ（33.5％）・積極的イメージ（6.8％）に分かれることを報告し、学校カウンセラーとしての臨床経験や教師研修の講師経験から、「生徒指導の実践が管理主義と受容主義の間で振り子のように揺れている」と指摘している。これらのことを踏まえた犬塚は、生徒指導の機能類型をモデル化して提言している。

　犬塚は、生徒指導の機能の類型化として、①母性的機能と父性的機能、②積極的支援と消極的支援、という二つの軸を設定している。母性的・父性的という表現は、河合（1976）の、「母性の原理は、『包含する』機能によって示される」「父性原理は『切断する』機能にその特性を示す」という見解を踏まえたものであり、性役割を固定化したものではない。二軸が構成する各領域の特徴

は、「分かち合う」「委ねる」「寄り添う」「共に在る」として説明されている。

（ウ）ガイダンス・カウンセリング、積極的生徒指導・消極的生徒指導の観点

犬塚（2002）は、生徒指導の機能とガイダンスの機能を統合した、臨床生徒指導の機能類型モデルを提言している。積極的生徒指導・消極的生徒指導を横軸に、ガイダンス・カウンセリングを横軸に位置付けている。前述のモデル（1995）に改良を加えたものとして提言している。

（エ）ガイダンス・カウンセリングの観点

犬塚（2016）は、生徒指導の機能「自己存在感」「共感的関係」「自己決定」とガイダンスの機能「情報提供や案内、説明」を統合した、機能類型モデルを提言している。

本研究では、教師の指導イメージの明確化・共有を吟味するため、最低限の要因が絞られていると判断した（エ）ガイダンス・カウンセリングの観点（以下、G 機能、C 機能）を採用した。

先行研究より、生徒指導体制の3つの枠組みをとらえた
① 教師の指導イメージの明確化
② 校内連携(校内での教職員の協力関係)
③ 校外連携(地域社会・関係機関との協力関係)
①を吟味するため、G機能(ガイダンス)
C機能(カウンセリング)の観点をさらに採用した

(松尾、1999 / 富山、1999 / 辻畑、1993 / 松下、2003)

第3節　実践報告 (講義内での生徒指導モデル・プレゼンテーション)

(1) 実践報告の時期等

　①報告者：学部卒院生 10 名、現職院生 7 名、②報告時期：2010 年 12 月〜2011 年 2 月、③報告時間：約 20 分、④参加者：17 名

(2) 実践報告のテーマ　「私の考えた生徒指導モデル」

(3) 実践報告

　①モデルの概要とコンセプト、②構成する要素の例、③指導イメージ。

　以下、受講生の構成したモデル名、分類、受講生の説明（モデルの概要とコンセプト、各要素の関係性など）を一部、提示する。

　例1「 西遊記モデル（現職教師・中堅）人体系」。両手は教師、右手の指は子ども環境、左手の指には教師役割、笑顔マークは子どもを示している。生徒が、教師の手をこぼれ始めたら教師の手を広げることが大切である。

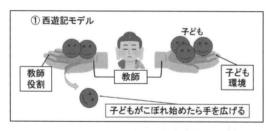

　例2「 ひまわりモデルⅠ（ストレートマスター）自然系」。地中は、教師の人生経験による指導観の形成、右の葉は校内研修、左の葉は校外研修、幹は子どもへの

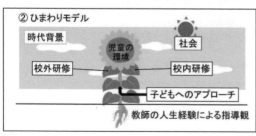

アプローチ、花びらは児童
の環境、空は時代背景、太
陽は社会を示している。

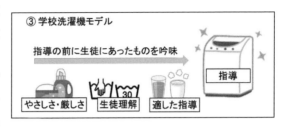

　例3「　学校洗濯機モデ
ル（現職教師・中堅）生活
系」。洗濯は指導、指導の
前に衣類のタグ（生徒理解）の吟味、水かお湯（適した指導）、洗剤・柔軟剤・
漂白剤（やさしさ、厳しさ）を示している。その衣類（生徒）にあった洗濯（指
導）を選択すると生徒は成長する。以下、表3・表4・表5に現職院生とスト
レートマスターの作成した生徒指導モデル17例を示す。

第4節　実践報告にみる「実践と理論の関係」共有理論と固有理論

(1)　評価の時期等

　①評価者1名、評価者A（筆者、教職経験のある研究者）、②評価時期：2016
年8月。

(2)　評価の観点

　先行研究をもとに、構成する理論を各観点として採用する。具体的には、共
有理論として生徒指導体制を設定し、「理論の適用範囲の差異」を考慮したう
えで、①指導イメージの明確化（カウンセリング機能とガイダンス機能）、②校
内連携、③校外連携、からなる。モデル発想法を用いて個々の実践者の固有理
論を明らかにしている。生徒指導体制の下位概念がモデルの中で、確認された
（○印）、ほぼ確認された（△印）、確認されなかった（―印）として区別して表
記している。

(3) 評価の結果

　生徒指導モデルの適用範囲は、生徒指導の先行研究を参考に、①指導イメージ（適用範囲が児童生徒）、②校内連携（適用範囲が同僚教師）、③校外との連携（適用範囲が家庭・地域専門機関など）、と想定した。

　対象の生徒指導モデルにおける「共有理論と固有理論の比率」は、全 17 項目中の○印のついた項目数の割合を算出した。

　その結果、①指導イメージ（適用範囲が児童生徒）88.2％（17 項目中 15 項目）であった、②校内連携（適用範囲が同僚教師）は 58.9％（17 項目中 10 項目）であった、③校外との連携（適用範囲が家庭・地域専門機関など）47.1％（17 項目中 8 項目）、であった。

　院生の作成した生徒指導モデル全理論の適用範囲を比較した結果（生徒指導体制にみる 3 つの下位概念）、17 の生徒指導モデルで、①指導イメージという理論内容は約 9 割共通していた。しかし、②校内連携と③校外との連携は、約 5 ～ 6 割に留まっていた（A 図）。またカウンセリング機能とガイダンス機能に着目すると 29.4％（17 項目中 5 項目）の比率に留まっていた（B 図）。

A図

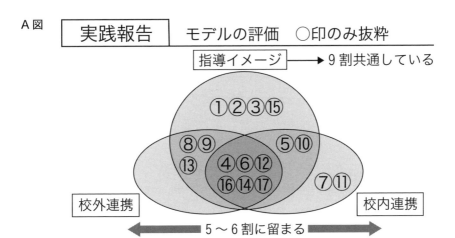

B図

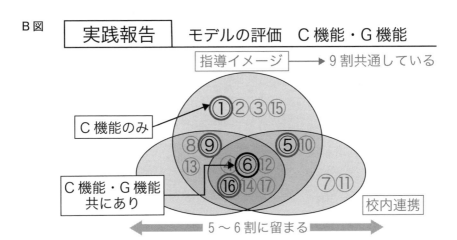

表3　生徒指導モデルの概要とコンセプト、構成要素、下位概念の分析－その1

	モデル名	モデルの概要とコンセプト	構成する要素の例	指導イメージ	校内連携	校外との連携	指導イメージ	カウンセリング機能とガイダンス機能
1	西遊記モデル	両手は教師、右手の指は子ども環境、左手の指には教師役割、笑顔マークは子どもを示している。生徒が、教師の手をこぼれ始めたら教師の手を広げることが大切である。	①教師、②生徒を取り巻く環境（学校、保護者、地域、社会、その他）、③教師が担う役割、④児童	○	—	—	教育は受容であり、子どもの可能性は無限大、子どもの適切な環境設定が必要である。	C機能
2	ひまわりモデル	地中は、教師の人生経験による指導観の形成、右の葉は校内研修、左の葉は校外研修、幹は子どもへのアプローチ、花びらは児童の環境、雲は時代背景、太陽は社会を示している。	①児童、②児童を取り巻く環境（友人、家族、教師、専門機関、その他）、③教師（経験、学級経営、授業、分掌）、④校内研修・校外研修	○	△	△	夢や希望に満ちあふれ、光り輝く人生を送ってほしい。	—
3	学校洗濯機モデル	洗濯は指導、指導の前に衣類のタグ（生徒理解）の吟味、水又はお湯（適した指導）、洗剤・柔軟剤・漂白剤（やさしさ、厳しさ）を示している。その衣類（生徒）にあった洗濯（指導）を選択すると生徒は成長する。	①学校、②指導過程、③生徒、④地域社会	○	—	—	個々の生徒にあった指導によって、生徒は成長し、社会・地域に帰っていく。	—
4	ひまわりモデル	花びらの中心は児童、土は教師の人生経験や同僚の知見など、茎は授業・学級経営・校務分掌、葉は校外研修、社会の影響、同僚からの逆風など示している。児童の成長とひまわりの成長が重なる。	①児童、②児童を取り巻く環境（友人、家族、教師、専門機関、その他）、③教師（経験、学級経営、授業、分掌）、④社会	○	○	○	児童がひまわりの中心であり、土には教師自身の経験がしみ込んでいる。	—
5	車輪（アルミホイール）モデル	中学校学習指導要領解説総則編を参照し、子ども理解、教師・生徒の信頼関係、生徒同士の人間関係、教職員の協働、を内輪から外輪へひろがる車輪の構造に重ねた。	①子ども理解、②教師・生徒の信頼関係、③生徒同士の人間関係、④教職員の協働	○	○	—	子ども理解が基本であり、教師と子どもの信頼関係が不可欠である。	C機能
6	鳥の渡りモデル	短いスパンの指導計画で、生徒が困難に遭遇しながらも成長する様子を、目的地を目指して飛ぶ渡り鳥にたとえた。教師を安心して羽を休めることのできる止まり木にたとえた。生徒の価値観や直面した課題に応じて教師が指導・支援していくプロセスを重視している。	①生徒、②自己指導能力、③人間関係力・感情統制力・情報選択力・問題解決力、④学校・家庭・地域	○	○	○	生徒の価値観や課題に応じて、教師が柔軟に指導・支援していくと、安心して羽を休める止まり木が教師の役割である。	C機能 G機能

表 4　生徒指導モデルの概要とコンセプト、構成要素、下位概念の分析－その 2

	モデル名	モデルの概要とコンセプト	構成する要素の例	指導イメージ	校内連携	校外との連携	指導イメージ	カウンセリング機能とガイダンス機能
7	学校の心臓＝コミュニケーションモデル	学校組織を人体に想定し、教師は個々の細胞である。各細胞に栄養分を運ぶのは血液であり、これは同僚教師とのコミュニケーションを表す。コミュニケーションを形成する場こそ、職場の協働性を発揮する心臓部である。生徒指導の機能を発揮するには、教師集団の協働性が最重要である。	①学校組織、②同僚、③コミュニケーション	—	○	—		—
8	風船モデル	子どもの成長を風船に乗って上がっていく過程として想定した。子どもが成長していく手助けとして生徒指導を考えた。	①子どもを取り巻く環境、②子どもが身につける生きる力、③生徒指導は風船に空気を入れる、④子どもが取り巻く問題・子どもが目指すもの	○	—	○	子どもが成長していく手助けをするのが指導である。	—
9	発電機モデル	子どもの心のエネルギーを蓄えるタンクが発電機、電球をともすイメージが他者とのつながりが見えるということを示している。教室で気になる不安感の強い児童へ、教師がどんなスタンスで接したらよいか示している。児童の心のうちには、動き出したいという欲求が必ずある。	①経験の変容・周囲の励まし（経験・成功・失敗）、②問題解決体験、③自己受容・共感・効力感など	○	—	○	不安感の強い子どもに接するのが必要である。	C 機能
10	いじめ抑止パズルモデル	いじめが起きた当初は、立場によるいじめ認識の差異がある。これを不揃いな形のパズルとして表した。いじめ認識の違いを修正し、共通したいじめ認識に立つ必要がある。いじめ認識は、すべての児童が対象とされし土俵の上に立つ必要がある。	①教師の指導・支援、②傍観者の認識変容、③学級内の集団構造（被害者・加害者・観衆・傍観者・抑止力）	○	○	○	いじめ防止に焦点化した共通の指導イメージが必要である。	
11	空気循環モデル	空気の塊は、教師の思いや悩みを表している。この雲は、大きく膨らんだり、しぼんだりしている。そのような塊がバラバラにあるが、シーリングファンの稼働により、空気が循環し、一つの塊となる。この過程は、教師集団が会話を増やして協働体制を構築することを示す。	①個々の教師の思いや悩み、②週 1 回 30 分程度の交流	—	○	—	—	—
12	惑星—磁石モデル	子どもの様子（自転・公転）を見ながら、家庭・学校・地域・他機関はそれぞれの立場や使命を果たしつつ自転・公転する。不登校は、自分の居場所がないことが原因である。	①消極的・積極的・間接的な働きかけ・見守り静観、②子どもの意欲あり・なし	○	○	○	教室に居場所がある事を子どもに理解させる。	

表5　生徒指導モデルの概要とコンセプト、構成要素、下位概念の分析－その3

	モデル名	モデルの概要とコンセプト	構成する要素の例	指導イメージ	校内連携	校外との連携	指導イメージ	カウンセリング機能とガイダンス機能
13	ストレスマネジメントの鍋モデル	生徒のストレスを沸騰する鍋にたとえた。教師の指導は、鍋のふた、さし水、おしぼり、コンロの火の調整レバーとした。教師は、生徒の実態を踏まえながら、適宜心のケアをおこない、生徒のストレスを軽減させていく必要がある。	①ストレス（状況、圧力、子どもの容量）、②消極的・積極的指導、③ゆとりを与える指導・状況悪化の防止	○	—	○	心のゆとりを与える指導、消極的指導、積極的指導がある。	—
14	惑星―磁石モデル	子どもの様子（自転・公転）を見ながら、家庭・学校・地域・他機関はそれぞれの立場や使命を果たしつつ自転・公転する。不登校は、自分の居場所がないことが原因である。	①消極的・積極的・間接的な働きかけ・見守り静観、②子どもの意欲あり・なし	○	○	○	間接的な働きかけ、積極的な働きかけ、見守りが必要である。	—
15	ピラミッド構造モデル	4層構造からなる。①教師の人間性の層（指導観や経験・価値観）、②実践知の層（直面した事例）、③実践知の理論化（事例研や交流からの考察）の層、④理論知（実践と理論を照らし合わせる）の層	4層構造からなる。①教師の人間性の層、②実践知の層、③実践知の理論化の層、④理論値の層	○	—		教師の人間性（子ども関わり、経験や価値観）の層に指導観が含まれる。	—
16	お出かけモデル	生徒指導の目的を3つに分け、開発的目的は山に、予防的目的は知人の家に、治療・矯正的目的は木に例えている。この目的地に運転手としての教師が向かっていく。生徒指導の目的を3つ、要素を4つ提言している。	①開発的目的、②予防的目的、③治療・矯正的目的、④子ども理解、⑤信頼関係、⑥家庭連携、⑦地域連携	○	○	○	開発的、治療・矯正的、予防的な目的がある。	C機能
17	ベースボールモデル	ピッチャー（担任）、バッター（児童生徒）、ランナー（母親）、コーチャー（父親）、他バッター（兄弟）、応援席（地域社会）、守備陣（教師集団）に例えている。教師は、実践全体を把握することが必要である。	①担任、②児童生徒、③母親・父親、④兄弟、⑤地域社会、⑥教師集団	○	○	○	児童生徒が自信を持てる場になっているかを把握することが必要である。	—

第 5 節　課題と提言

　昨年の研究を継続し、院生の作成した生徒指導モデル 17 例を「共有理論と固有理論の比率」から検討した。その結果、共有性の高い理論「指導イメージ」と共有性の低い理論「校内連携」「校外連携」に分かれた。院生の発表した生徒指導モデルは、「C タイプ、実践者の内部にある理論」であり、実践家の強いモチベーションに基づいており固有の理論である。貴重ではあるが、先行研究（生徒指導提要など）である「A タイプ、外部にある理論」と比較した場合、実践指標の再現率は二分され、再現率の高低が出現する可能性がある。「実践と理論の融合」を目指すためには、「C

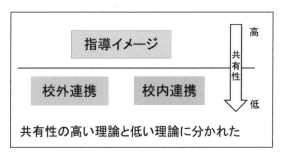

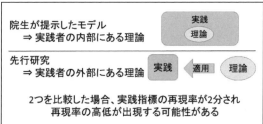

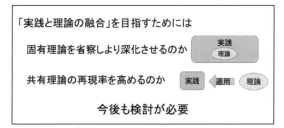

タイプ、実践者の内部にある理論」であろう本研究での固有理論を省察し、より深化させるのか、外部理論である共有理論の再現率を高めるのか、今後も検討が必要である。

　今回、参考とした分析枠組みは、一定の共有度が認められたものであるが、今後も継続した理論研究が必要である。江川（2002）によれば、いかなる研究

分野でも、同一対象・事象に関して複数この理論や仮説があるのが普通である。しかも、それらは部分的に内容の重複があったり、あるいは対立関係にあったりすると言われており、恒常的な理論研究が必要である。本来、実証科学・経験科学といえども、実験・観察・調査などによる実証的研究とは別に理論的研究がぜひとも必要である。

論理実証主義を持ち出すまでもなく、論理と実証の両方が必要なのである、両翼の一方＝論理・理論の希薄つまり理論的研究の貧困は、研究の発展の障害になるば

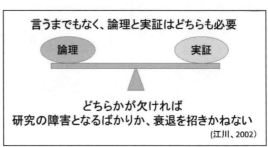

かりか、研究の衰退をまねきかねない（江川, 2002）ことを確認したい。

　本研究は、独自の観点から、共有理論として生徒指導体制を設定し、「理論の適用範囲の差異」を考慮したうえで、①指導イメージの明確化（カウンセリング機能とガイダンス機能）、②校内連携、③校外連携、からなる分析枠組みを採用してみた。今後もより実践的な分析枠組みとは何か、検討する必要がある。また、モデル発想法を用いて個々の実践者の固有理論を明らかにしているが、研究上の課題として、評価者が 1 名であり限界がある。

[引用・参考文献]

新井肇　2015　教員の世代交代と生徒指導の課題　生徒指導学研究　第 14 号　pp.7-8.

江川玫成　2002　経験科学における研究方略ガイドブック―論理性と創造性のブラッシュアップ―　ナカニシヤ出版　pp.107-111.

畑村洋太郎　2003　創造学のすすめ　講談社　pp.156-157.

畑村洋太郎　2012　みる　わかる　伝える　講談社文庫　pp.177-182.

犬塚文雄　1995　臨床的生徒指導の特質と機能―TOS から COS への改革をめざして―　学校教育研究　第 10 号　pp.59-72.

犬塚文雄　2002　生徒指導の機能統合に関する一試論―「臨床生徒指導」の視点から―　生徒指導学研究　第 1 号　pp.8-16.

犬塚文雄　2016　生徒指導の場としての特別活動―CG 機能に着目して―　日本特別活動学会紀要　第 24 号　pp.13-18.

河合隼雄　1975　カウンセリングと人間性　創元社　p.194.

国立政策研究所生徒指導研究センター　2006　生徒指導体制のあり方についての調査研究―
　　規範意識の醸成を目指して―（報告書）

月本洋　2008　日本人の脳に主語はいらない　講談社選書メチエ　pp.20-26.

松尾忠正　1999　非行問題が起きたときに連携を図るリーダーシップ―中学校―　新井邦男
　　編　No.6 教職員の新しい関係づくり　教育開発研究所　pp.215-219.

松下静男　2003　生徒指導の組織　高橋一（編）新訂版　生徒指導の理論と実践　学文社
　　pp.36-39.

益川敏英　2011　湯川秀樹　物理の荒野のドリーマー　ＮＨＫテレビテキストこだわり人物
　　伝　ＮＨＫ出版　pp.97-98.

三田誠広　2009　原子への不思議な旅　人はいかにしてアトムにたどりついたか　サイエン
　　スアイ新書　ソフトバンククリエイティブ　pp.210-211.

文部科学省　2010　生徒指導提要

佐藤忠男　2002　岩波現代文庫文芸 48　伊丹万作「演技指導論草案」精読　岩波書店　pp.7-
　　14.

瀬戸健一　2016　「実践と理論の関係」に着目した授業実践についての報告　北海道教育大
　　学・教職大学院研究紀要　第 6 号　pp.13-20.

Stephan Howking：Leonarud Mlodinow　2011　「ホーキング、宇宙と人間を語る」佐藤勝
　　彦（訳）　エクスナレッジ　pp.73-78.

滝充　2002　生徒指導の理念と方法を考える―生徒指導モデルと事後治療的・予防治療的・
　　予防教育的アプローチ―　生徒指導学研究　pp.76-85.

富山謙一　1999　ある学級に問題が生まれたときに連携を図るリーダーシップ―中学校―
　　新井邦男編　No.6 教職員の新しい関係づくり　教育開発研究所　pp.190-195.

辻畑信彦　1993　生徒指導と学校　秋山俊夫（監修）高山厳・松尾祐作（編）図説生徒指導
　　と教育臨床―子どもの適応と健康のために―　北大路書房　pp.28-30.

第2章

消極的生徒指導と積極的生徒指導の検討の試み
—生徒指導連絡協議会に参加した教師の認識に着目して—

要　旨

　本研究は、中学校教師における生徒指導実践の状況に着目し、消極的生徒指導における教師行動の傾向と積極的生徒指導における教師行動の傾向との関連を検討してきた。生徒指導目標への賛同・実践・効力における高得点傾向と困難の認識という得点の分布は異なった様相を見せている。消極的生徒指導困難性の認識によって教師集団は3類型に分類されることが明らかになった。最後に個人志向性と集団志向性の観点から、提言がなされている。

【キーワード】中学教師、消極的生徒指導、積極的生徒指導、個人志向性、集団志向性

第 1 節　問題と目的

　石隈（1998）の提唱する学校心理学は、アメリカの学校心理学の枠組みを参考にしているが、日本の学校現場との積極的な研究交流を図る中で、理論と実践を支える新たな体系として学校現場に認知されつつある。石隈は、そのような研究交流の中で現在、心理学や教育学を基盤にした複数の専門領域が存在しており、学校教育相談は学校心理学と最も近い領域であると指摘している。本研究では、学校教育相談とは、もともと生徒指導という理論と実

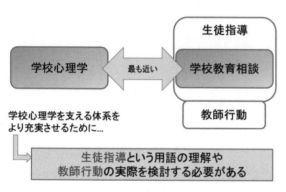

践の体系のなかに内包されていたものと考えており、生徒指導における教師行動に着目している。いわゆる消極的生徒指導と積極的生徒指導の関係の実際に着目している。本研究では、生徒指導には消極的目的（以下、消極的生徒指導）と積極的目的（以下、積極的生徒指導）の二つがあるという考え（文部省, 1989）をもとに検討しているが、詳細については後述する。学校心理学の理論と実践を支える体系をより充実したものとするためにも、学校現場の教師に広く共有されている生徒指導という用語の理解や教師行動の実際を検討する必要がある。

　生徒指導の重要性は、学校現場では繰り返し叫ばれてきたことであるが、深刻化する児童生徒の問題行動に対しては、①自己決定、②自己存在感、③自己実現、④共感的関係、など複数の機能が有効であると指摘されている（坂本, 2003）。このことは、学校現場で再認識されており、教師の間に浸透し定着しつつある。具体的な機能を基本にした日常的な実践は欠かせないと言えるが、一方で、次のような教師の実態が指摘されている。

生徒指導の実践にたいする現職教
師（内地留学）のイメージを調査し
た犬塚（1995）は、小・中学校、高
校教師の生徒指導に関するイメージ
は、否定的イメージ（強制・押しつ
け・監視・統制など）が30.7％、中
立的イメージ50.4％、肯定的イメー
ジは18.9％となり、否定的なイメー
ジが3割を占めており、中立的な回
答においても服装検査や持ち物チェ

> 深刻化する児童生徒の
> 問題行動に対して有効な機能
>
> ①自己決定　②自己存在感
> ③自己実現　④共感的関係
>
> （坂本、2003）
>
> ↓
>
> 学校現場で再認識
> 教師間で浸透・定着が進む

ックといった取調べ的で教師にとって否定的な響きをもった回答が多く含まれ
ていると説明している。否定的イメージの多くが、消極的生徒指導のマイナス

面に焦点化した回答で占
められている点が、ここ
10年間の傾向として変
わらないと報告した犬塚
は、消極的生徒指導の理
解の不足からくる実践の
低調を消極的生徒指導の
「陰の部分」として問題
提起している。

> 生徒指導の実践にたいする現職
> 教師(内地留学)のイメージ調査
>
> ・否定的イメージが3割
> ・中立的な回答でも、否定的
> な響きをもつ回答が多数
>
> ↓
>
> 消極的生徒指導のマイナス面に
> 焦点化した回答で占められる
>
> 消極的生徒指導の理解の不足
> からくる実践の低調

　本研究では、生徒指導
には消極的目的と積極的目的の二つがあるという考え（文部省, 1989）から、前
者は問題行動に対しての対症療法的な生徒指導であり、生徒集団の安全確保の
ための管理やきまりの遵守が必要となり、後者は人間らしい生き方を求める
「自己指導能力」の育成を目指す生徒指導として区別した。前者を消極的生徒
指導、後者を積極的生徒指導として犬塚（2002）の「生徒指導の形態分類」を
参考にしている（表1参照）。

表1　消極的生徒指導と積極的生徒指導

	消極的生徒指導	積極的生徒指導
全校児童生徒	○安全確保のための管理 ○きまりの遵守	○個性・良さ・持ち味の開発援助 ○発達課題への支援
一部の児童生徒	○ルール違反の児童生徒への毅然とした対処	○SOSを発している児童生徒の心の傷を癒す手当て

*犬塚（2002）の生徒指導の形態分類

　両形態による生徒指導は、学校現場では欠かすことのできないものであるが、尾木（2001）によれば、多くの学校現場で消極的生徒指導と積極的生徒指導の二極化という生徒指導実践の乖離が起こっていることが懸念されている。また上杉（2003）は生徒指導の組織運営において屈強な生徒指導主任という分掌担当者の教師イメージが散見されることから、暗黙のうちに生徒指導実践の守備範囲が分かれていたり、両生徒指導が対立的関係になっていることを指摘している。このことは、滝（2002）のいう「生徒指導の理念が必ずしも教職員全体に理解され共有されていない」という指摘とも重なる。両形態における理念や目標の教師認識の現状を検証するため、教師行動の実際について検討することが必要である。とくに教師の生徒指導へのイメージが否定的・中立的・肯定的と分かれるという報告から、教師集団の差異を検討する必要がある。

　本研究では、犬塚（2002）の言うように、A.マズローの欲求段階モデルを参考にするまでもなく、児童生徒の安全の欲求が充足されるためには学級集団の安全確保を目指した消極的生徒指導がまずは必要であり、その土台なくして積極的生徒指導が目指すような自己

実現の欲求の充足は極めて困難なものになると考えている。

　消極的生徒指導の理解の不足からくる実践の低調の状況など、生徒指導の土台となるべき消極的生徒指導の教師行動の現状をあらためて検討する必要がある。また、消極的生徒指導における教師行動の傾向が、積極的生徒指導における教師行動の傾向と関連があるのかどうかを検討する必要がある。

　本研究は、生徒指導の教師行動を先行研究から、次の4側面をもとに検討する。井上（1998）は教師の指導力形成について具体的な実践目標への「望ましさの程度」「実践している程度」の2側面から検証しており、本研究でも各生徒指導目標について「賛同の程度」「実践の程度」の2側面を設定した。久冨（2003）は、教師と生徒の関係、教師と保護者の関係、教師と地域の関係などにみる近年の教育関係成立の難しさに着目し、これらの難しい仕事に取り組む教師たちを内側から支えてきた教員文化は、教師たちの認識した「喜びと慰め」「困難と苦悩」などに焦点化されると述べている。変動する社会の中で、より困難な業務としての生徒指導実践は展開されている。本研究では、この枠組みを参考に、生徒指導における教師行動の「効力の程度」（このような生徒指導を実践していることが教育上効果を及ぼすことができて良かったと感じている）、「困難の程度」（このような生徒指導を実践しているが困難を感じることがある）という2側面も付け加えた。以上、「賛同の程度」「実践の程度」「効力の程度」「困難の程度」の4側面をもとに生徒指導における教師行動を検討する。

　本研究は、研究1で先行研究から生徒指導における教師の一般的な行動目標を抽出し、質問項目として整理する。その後、研究2で作成した質問項目をもとに生徒指導連絡協議会に参加した教師たちにアンケート調査を実施し、①賛

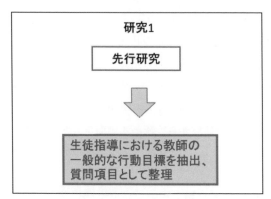

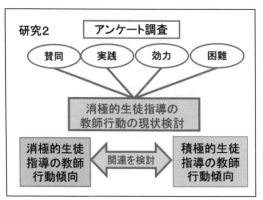

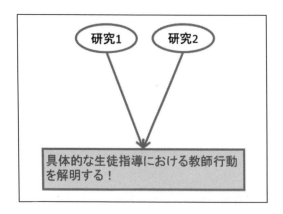

同の程度、②実践の程度、③効力の程度、④困難の程度、をまとめた後、消極的生徒指導の教師行動の現状を検討する。また、消極的生徒指導における教師行動の傾向が、積極的生徒指導における教師行動の傾向と関連があるのかどうかを検討する。研究1と研究2の結果から、考察で具体的な生徒指導における教師行動を解明することを目的としている。

第 2 節　調査方法

1　研究 1　文献研究

　生徒指導研究（日本生徒指導学会）などの研究、その他一般書を参考に検討した。複数の研究から生徒指導における一般的な行動目標を抽出し、質問項目として整理する。

2　研究 2　アンケート調査

調査対象：A 県の B 地区生徒指導連絡協議会参加者 98 名（中学校教師）。各校から 2 名以上の教師が参加している。B 地区の学校数としては、生徒数が 200名以下（以下、小規模校）が多く、201 〜 500 名（中規模校）と 501 名以上（大規模校）が同程度に存在する。

　A 県の B 地区のプロフィール：豊かな自然に恵まれ農業が基幹産業となっている。学校規模としては小規模校が多く、少子化に伴い学校の統廃合が進んでいる。都市部に見られるような特別に困難な生徒指導の事例は報告されていないが、規範意識の低下や集団生活の難しさが報告されている。前述の生徒指導連絡協議会は各学期定例で開催されている。同協議会は、生徒指導部を担当する教師が中心となって運営されているが、校長や教頭なども参加するなど、各学校の積極的な情報交換の場となっている。各校の生徒指導の現状や対応について協議すること、そして、その結果を所属校に持ち帰って研修することなど、同協議会の活動状況が広く学校現場から支持されており、継続して開催されている。その他に、不定期ではあるがいじめ・不登校対策会議、教育相談セミナーなどが実施されている。生徒指導実践への教師の共通理解や関心の高さが、ある程度は見られる地域である。2003 年度の不登校児童・生徒の出現率は全児童・生徒の 0.74％（A 県の出現率 0.85％）である。各校では、生徒の指導記録作成、校内委員会の設置など教育相談体制の充実に努めている。

調査手続き：参加者 98 名にアンケート調査を配布・回収。調査時期：2004 年2 月。

調査内容：井上（1998）の「賛同の程度（以下、賛同度）」「実践の程度（以下、実践度）」の 2 側面を設定した。具体的には、「賛同度」は、（私は日常的な教育活動の中で）5 とても賛同している、4 少し賛同している、3 どちらともいえない、2 あまり賛同していない、1 全く賛同していない、の 5 件法で、「実践の程度」は、（私は日常的な教育活動の中で）5 とても実践している、4 少し実践している、3 どちらともいえない、2 あまり実践していない、1 全く実践していない、の 5 件法で、その数字を選択するようにした。久冨（2003）の枠組みを参考に、「効力の程度」、「困難の程度」という 2 側面も付け加えた。具体的には、（私は日常的な教育活動の中で）「効力の程度（以下、効力度）」は、5 とても良かったと感じている、4 少し良かったと感じている、3 どちらともいえない、2 あまり良かったと感じていない、1 全く良かったと感じていない、の 5 件法で、（私は日常的な教育活動の中で）「困難の程度（以下、困難度）」は、5 とても困難を感じている、4 少し困難を感じている、3 どちらともいえない、2 あまり困難を感じていない、1 全く困難を感じていない、の 5 件法で、その数字を選択するようにした。

第3節　調査結果と考察

1　研究1の結果

　日本生徒指導学会の進める課題研究のなかで石田（2003）は、生徒指導の用語理解や目標理解における多義性問題を指摘している。多義性とは、「ひとつの語や表現が多くの意味をもつこと（広辞苑第五版）」である。例えば「生徒指導は生徒理解に始まり生徒理解に終わる」「生徒指導は、生徒の自己指導能力の育成を目指すものである」「学級活動は、生徒指導の全機能が補充、深化、統合される場である」「生徒指導は、日常生活の指導、すなわち生活指導であ

る」「生徒指導は、問題
をもった児童生徒を指導
することである」など多
様な生徒指導に関する表
現が散見されるが、石田
（2003）によれば、これ
ら生徒指導の行動目標は、
空体語としての理解と実
体語としての理解に分類
することが可能である。

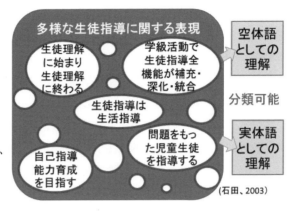

（石田、2003）

　広く学校現場で共有されている①一人一人の生徒の個性の伸長を図りながら、
②同時に社会的な資質や能力・態度を育成し、さらに③将来において社会的に
自己実現ができるような資質・態度を形成していくための指導・援助であり、
④個々の生徒の自己指導能力の育成を目指すものであるという生徒指導の説明
（文部省, 1981）は、実現可能なものとして教育行為の目的を表現し、その意味
で教育行為の機動力であるともいえる（空体語）。

　一方、学校現場の教師にとっての現実をとらえた実体語としての生徒指導は、
「問題をもつ児童生徒の指導」「児童生徒の日常の生活」「具体的には暴力行為、
いじめ、不登校、校則などの指導」に分かれると石田は指摘している。実体語
としての生徒指導の目標を数量的に検証した明石他（1991）は、教師に必要な
能力・姿勢として抽出さ
れた行動目標を次のよう
に報告している。第1位
ホームルームの運営がう
まい（80.8％）、第2位問
題を起こした生徒を諭す
（79.8％）、第3位進路の
相談を適切に指導（75.6

空体語	実体語
生徒指導は実現可能なものとして教育行為の目的を表現 生徒指導は教育行為の機動力	学校現場の教師にとっての現実をとらえる 行動目標は生徒指導に不可欠
積極的生徒指導	消極的生徒指導

%)、第 4 位欠席生徒への電話（61.0%）、第 5 位部活動を熱心に指導（58.3%）、第 6 位一声で生徒を静かにさせる（57.7%）、第 7 位昼休み等に生徒と雑談する（54.5%）、第 8 位専門性の高い授業をする（43.3%）、と説明した後、遅刻・欠席生徒の指導、不登校傾向の生徒の指導、服装指導、などの行動目標が生徒指導において不可欠であることを説明している。

　本研究では、上記の研究成果を参考に、大学で生徒指導論を担当する教師と中学校教師の 2 名で、消極的生徒指導と積極的生徒指導の関係項目を収集し、字句の修正等を行った。それらの質問項目は、次のようになる。

　消極的生徒指導は、「生徒指導は、基本的生活習慣や日常的な生活について指導すべきである」「生徒指導は、遅刻や校則の指導をすべきである」「生徒指導は、反社会的な問題傾向がある児童生徒への指導をすべきである」「生徒指導は、いじめ問題・不登校問題への対応をすべきである」の 4 項目である。積極的生徒指導は、「生徒指導は、児童生徒の人格の完成を目指すものである」「生徒指導は、児童生徒の自己指導能力の育成を目指すものである」「生徒指導は、児童生徒の好ましい人間関係を育てることである」の 3 項目である。近年、積極的生徒指導の光の部分として問題（犬塚, 2002）となっている「生徒指導は、教師の共感的態度が必要である（以下、共感的態度）」についても尋ねた。

2　研究 2 の結果

　調査対象 86 名（回収率 87.7%）回答。教職経験の平均 18.4 年、教職経験 5 年以内 10 名、5 年～ 10 年 19 名、11 年～ 15 年 16 名、16 年～ 20 年 12 名、21 年～ 25 年 11 名、25 年～ 30 年 9 名、31 年以上 9 名、計 86 名。男 55 名、女 31 名。教諭 53 名、養護教諭 18 名、管理職 11 名、その他実習助手等 4 名。教諭らの担当分掌は、生徒指導部である。各校から 2 名以上参加、生徒数が 200 名以下 20 校（46.5%）、201 ～ 500 名 10 校（23.3%）、501 名以上 13 校（30.2%）。

（1）教師属性・学校属性と両生徒指導のカテゴリー得点、共感的態度　得点の関係（表2・表3参照）

①消極的生徒指導の賛同度・実践度・効力度・困難度の各尺度得点

　消極的生徒指導の賛同度4項目を主成分分析した結果、それぞれの負荷量は.65以上、実践度4項目の負荷量は.58以上、効力度4項目の負荷量は.64以上、困難度4項目の負荷量は.73以上となり、それぞれ一因子性が確認された。各カテゴリーで4質問項目の合計を4で除したものを消極生徒指導における賛同度・実践度・効力度・困難度とした（得点1〜5）。

②積極的生徒指導の賛同度・実践度・効力度・困難度の各尺度得点

　積極的生徒指導の賛同度3項目を主成分分析した結果、それぞれの負荷量は.65以上、実践度3項目の負荷量は.84以上、効力度3項目の負荷量は.77以上、困難度3項目の負荷量は.83以上となり、それぞれ一因子性が認められた。各カテゴリーで3質問項目の合計を3で除したものを積極的生徒指導における賛同度・実践度・効力度・困難度とした（得点1〜5）。

　以下、教師属性と各得点の比較を検討した。性差、生徒数の有意差は認められなかった。教師の個人属性としての性差、学校の属性としての生徒数（学校規模）の有意差はなかったので提示していない。有意差のあるものを表として提示した。

③職種別、生徒数別の比較（表2参照）

　職種において「その他実習助手など4名」は、サンプル数が少ないため省いた。両生徒指導の賛同度（平均4.5前後）・実践度（平均3.8〜4.0）・効力度（平均3.7〜3.8）の分布は、高得点側に偏りが見られたが、両生徒指導の困難度（平均3.3前後）については高得点側の偏りがみられなかった。標準偏差は、両生徒指導の賛同度が小さかった。教師の教育信念や使命感、教職のもつ役割期

待、という側面から両生徒指導の賛同度や実践度は高得点傾向になり、それに
つれて効力度も高くなる可能性がある。一方、学校の抱える問題の程度や実際
の生徒指導における教師個人の取組みの違いや具体的な力量差など、生徒指導
実践の困難度に表出している可能性がある。これら両生徒指導の回答分布プロ
フィールから、教師の役割期待としての側面が反映されやすい賛同度・実践
度・効力度と実際の指導場面における困難度は、分けて考えることが可能であ
ると判断した。

　職種の有意差は4カテゴリーにあり、消極的生徒指導・実践度（F = 7.07, p
= .001）、消極的生徒指導・効力度（F = 7.34, p = .001）、積極的生徒指導・実
践度（F = 5.04, p = .001）、積極的生徒指導・効力度（F = 4.80, p = .001）。多重
比較の結果、消極的生徒指導・実践度（教諭・管理職＞養護教諭）、消極的生徒
指導・効力度（管理職＞教諭＞養護教諭）、積極的生徒指導・実践度（管理職＞
養護教諭）、積極的生徒指導・効力度（管理職＞養護教諭）。管理職・教諭が養護
教諭よりも、両生徒指導を実践し効力度を高く評価していた。

④教職経験の比較。両生徒指導（賛同度・実践度・効力度・困難度）尺度得点の関連

　教職経験の有意差は1カテゴリーにあり、積極的生徒指導・実践度（F =
3.01, p = .01）、積極的生徒指導・効力度（F = 1.89, p = .09）、多重比較の結果、
積極的生徒指導・実践度（31年以上＞5年以内、5年～10年以内）、積極的生徒
指導・効力度（31年以上＞5年以内）。31年以上の教職経験の長い教師は、新
任教師よりも積極的生徒指導を実践し効力度を高く評価していた。

⑤教師属性と共感的態度（賛同度・実践度・効力度・困難度）得点の関係

　共感的態度得点は、1項目で測定されており、測定上の問題があるが、本研
究では必要不可欠な質問項目の代表として尋ねている。教職経験の有意差はな
し、職種の有意差は2カテゴリーあり、共感的態度・賛同度（F = 3.60, p = .02）、
共感的態度・実践度（F = 4.49, p = .01）、多重比較の結果、共感的態度・賛同

度（教諭・管理職＞養護教諭）、共感的態度・実践度（管理職＞養護教諭）。共感
的態度については管理職・教諭が養護教諭よりも、賛同し実践していると高く
評価していた。

(2)「各要因の相関」

　各要因の相関を求めている。ここでは、前項で説明したように教師の教育信
念や教育観から両生徒指導の賛同度・実践度・効力度間の相関は、必然的に高
くなる可能性があり、他方、教師個人の生徒指導における力量差は困難度に表
出する可能性があるので、賛同度・実践度・効力度と困難度を分けて考えてい
る。

①教師属性と各要因（表 4 参照）
　やや弱い相関（r ＞ .30）が見られたのは、教職経験と積極的生徒指導の実践
度（r = .37）の 2 項目であった。管理職の教職経験の長さ、教職経験が豊かな
ほど積極的生徒指導を展開している。

②各要因間の相関（表 5 参照）
　（ア）各生徒指導（賛同度・実践度・効力度）内の関連、消極的生徒指導にお
いては、賛同度と実践度（r = .40）、賛同度と効力度（r = .50）が中程度の相関
を示し、実践度と効力度（r = .81）が高い相関を示した。積極的生徒指導にお
いては、賛同度と実践度（r = .62）、賛同度と効力度（r = .52）が中程度の相関
を示し、実践度と効力度（r = .90）が高い相関を示した。（イ）両生徒指導（賛
同度・実践度・効力度）間の関連、消極的生徒指導の実践度については、積極
的生徒指導・賛同度（r = .44）、積極的生徒指導・実践度（r = .75）、積極的生
徒指導・効力度（r = .72）、それぞれ中程度の相関を示した。消極的生徒指導
の効力度については、積極的生徒指導・賛同度（r = .38）、積極的生徒指導・
実践度（r = .60）、積極的生徒指導・効力度（r = .63）、それぞれ中程度の相関
を示した。（ウ）消極的生徒指導の困難度と消極的生徒指導（賛同度・実践度・

効力度)、消極的生徒指導の困難度と消極的生徒指導の実践度（r = .27）、効力度（r = .22）とそれぞれ弱い相関が見られた。（エ）積極的生徒指導の困難度と消極的生徒指導（賛同度・実践度・効力度）、いずれの組み合わせにも相関が見られなかった。（オ）積極的生徒指導の困難度と積極的生徒指導（賛同度・実践度・効力度）、いずれの組み合わせにも相関が見られなかった。（カ）両生徒指導（困難度）の関連、消極的生徒指導の困難度得点と積極的生徒指導の困難度得点は中程度の相関があった（r = .73）。消極的生徒指導の教師行動に困難性を感じている教師ほど、積極的生徒指導の教師行動に困難性を感じている。（キ）共感的態度と生徒指導、a 共感的態度（賛同度・実践度・効力度・困難度）賛同度と実践度（r = .42）、賛同度と効力度（r = .37）が中程度の相関を示し、実践度と効力度（r = .74）が高い相関を示した。b 共感・賛同度と各生徒指導、消極的生徒指導においては、r < .30 となった。c 共感・実践度と各生徒指導、消極的生徒指導においては、実践度（r = .44）、効力度（r = .40）、積極的生徒指導においては実践度（r = .50）、効力度（r = .56）と中程度の相関を示した。d 共感・効力度と各生徒指導消極的生徒指導においては、実践度（r = .46）、効力度（r = .40）、積極的生徒指導においては実践度（r = .46）、効力度（r = .57）と中程度の相関を示した。e 共感・困難度と各生徒指導の困難度、消極的生徒指導・困難度（r = .54）、積極的生徒指導・困難度（r = .55）とそれぞれ中程度の相関を示した。

(3)「質問項目に着目した回答結果の分類」（表6参照）

　先行研究より消極的生徒指導の理解の相違による教師集団の差異が予測されるので、消極的生徒指導の困難に着目し、消極的生徒指導の困難度の回答分布を Z 得点に換算した結果、3つに分類された。消極的生徒指導（困難度）得点の高い順に、H群（n = 28）M群（n = 30）L群（n = 28）とした。それら3群と「生徒指導は、児童生徒の人格の完成を目指すものである」「生徒指導は、児童生徒の自己指導能力の育成を目指すものである」「生徒指導は、児童生徒の好ましい人間関係を育てることである」の3項目の困難性回答を分散分析

（Tukey法）した結果、それぞれの質問項目の回答結果（平均値）に差異が認められた。

　消極的生徒指導の困難度の3分類、H群・M群・L群は、他の質問項目においても次のように差異が認められた。消極的生徒指導・賛同度（F = 3.30, p = .05）、消極的生徒指導・実践度（F = 3.40, p = .05）、消極的生徒指導・困難度（F = 187.56, p = .001）、積極的生徒指導・困難度（F = 31.24, p = .001）、共感的態度の困難度（F = 15.05, p = .001）、となり多重比較の結果、消極的生徒指導の困難度の3分類H群・M群・L群は、消極的生徒指導・賛同度においてもH群＞M群、消極的生徒指導・実践度においてもH群＞L群、消極的生徒指導・困難度H群＞M群＞L群、積極的生徒指導・困難度においても3群はH群＞M群＞L群、共感的態度・困難度においてもH群＞M群＞L群、となる（図1参照）。

(4) 結果のまとめと考察

　生徒指導実践における教師行動の現状として、次のようなことが明らかになった。

①賛同度・実践度・効力度
　両生徒指導、共感的態度においてもこれらは高い得点傾向を示した。

②教師属性・学校属性と各得点の差異
　（ア）両生徒指導と性差は認められなかった。（イ）両生徒指導の職種と一部に有意差があった。管理職・教諭が養護教諭よりも高い。（ウ）両生徒指導実践は全体の傾向として教職経験と有意差がないが、一部に差異が認められ31年以上の教師が初任の教師よりも高い。（エ）生徒数（学校規模）と関連があったのは2項目であったが弱い相関であった（r＜.30）。学校規模別に分析した八並（1996）は、小規模校では生徒指導体制の充実度が高いと報告しており、小規模校における消極的生徒指導の効力度の高さや積極的生徒指導の困難度の

低さが予想されるが、八並（1994）の指摘するように学校規模とは別に地域特性の差異が影響している可能性があるので、今後の検討が必要となる。

③消極的生徒指導の困難度による3類型

　消極的生徒指導の他の2カテゴリー（賛同度・実践度）の一部にも差異が見られた。他に積極的生徒指導の困難度、共感的態度の困難度にも共通した差異が見られた。前項と重なるが差異の見られなかった積極的生徒指導の賛同度・実践度・効力度、そして、共感的態度の賛同度・実践度・効力度は高得点であり、生徒指導の教師行動において一つの連鎖（賛同―実践―効力感）を示している可能性がある（図1）。一方、困難性は、それらの連鎖と異なった分布を示している（図2）。

　本研究は、先行研究により指摘されていた消極的生徒指導の理解の不足からくる実践の低調の状況に着目し、消極的生徒指導における教師行動の傾向と積極的生徒指導における教師行動の傾向との関連を検討してきた。結果のまとめのように、生徒指導目標への賛同・実践・効力における高得点傾向と困難の認識という得点の分布において、教師回答は数量的に異なった様相を見せている。

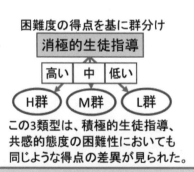

このことが本研究の第一の成果である。

　次に、消極的生徒指導困難性の認識によって教師集団は3類型に分類されることが明らかになった。この3類型は積極的生徒指導、共感的態度の困難性においても同様に有意差を示した。このことは重要なことであり、両生徒指導、共感的態度のすべてにおいて

同じような程度で、教師は
困難を認識しており、消極
的生徒指導が困難ならば、
積極的生徒指導・共感的態
度に対していずれも同程度
の困難を感じていることに
なる。このことが本研究の
第二の成果である。困難性
認識における差異の原因の
ひとつとして、消極的生徒
指導の理解の不足、教師の
生徒指導への姿勢、指導力
量の不足など個人要因の影
響が考えられる。このこと
は、教師の生徒指導へのイ
メージが否定的・中立的・
肯定的と分かれるという報
告とも関連している可能性
がある。また柳生（2002）
は、免疫性（教師が突発的
な問題解決場面に遭遇した際
に統制不可能になることで挫
折、無気力になることへの抵
抗作用）という概念を用い、
免疫性得点の低い教師は、
組織的な活動促進性、同僚
との親近配慮性が低いこと
を報告している。生徒指導

に関する組織的活動、協働性形成の力量に関して教師集団の差異が存在していることになる。蛭田（2003）は多様化する教職員として「指導への意欲・情熱があまり見られない」「子どもへの関心や愛情が見られない」「子どもを理解しようとする姿勢や方法に欠ける」など指導力の低い教師が存在し、教育実践上の何らかの挫折や障害が過去にある場合が多いと説明している。これらの報告にあるような教師集団の差異を参考に、検討する必要がある。

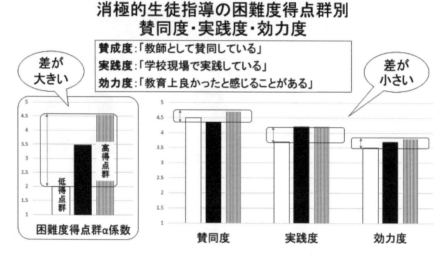

図1　消極的生徒指導における困難度の3類型の説明

第 4 節　　総合的考察

生徒指導における教師行動
は、教師集団に共通する傾向
があることと相違点があるこ
とが明らかになった。共通点
としては、両生徒指導の賛
同・実践・効力の得点は高く
なるという傾向であり、多く
の教師が生徒指導目標に強く
賛同し、実践した結果、良か
ったと認知している。しかし、

困難度の認識において教師回答は 3 類型となる。生徒指導に対してのこのよう
な教師行動を、本研究では次のような教師の実践的関心の過度な強さから説明
してみた。

Sergiovanni（1989）によれば、教師行動は教師の実践的関心（clinical　mind）
から説明可能であり、無自覚で極端な態度志向のため、アメリカの学校現場に
おいても課業の選択において論理的プロセスが動くことは極めて少ないと述べ
ている。本研究で着目してい
る様々な生徒指導目標の実践
が成功する見込みがないとき
でも、まずは実践するのであ
る。問題に直面し、困難を感
じているにも関わらず、教師
は問題が解明されるのを待つ
ようなことはしないでまずは
行動する。Sergiovanni（1989）

の分析は、生徒指導における「まずは実践」という教師行動の特性を見事にとらえている。日本の研究（卜部, 2000）においても「教師の間では生徒に指導が必要か不要かという問題は指導内容に関わりなく決まっており、必要と考える教師はあらゆる項目を指導し、不要と考える教師はどれも指導しないということになる。大多数の教師は、生徒に指導は必要であると考えている。」と報告されている。教師は生徒の指導にあたるものという社会的な了解のなかで、日常的にすべての生徒指導目標に対して奮闘しているのである。

　しかしながら、子どもの求める生徒指導は一人の教師が担当するには、すでに実施困難な領域まで広がっていると言える。結果として消極的生徒指導の困難度の認識により教師行動は3類型に分かれているのであり、同様なことは積極的生徒指導・共感的態度の困難度の認識においても認められた。これは、社会や子どもの求めている生徒指導のあり方が変貌し、より個別対応することや共感的態度を求めていることに関連している可能性がある。中学生の評価が高

い教師行動としては（永井, 1997）、『先生のほうからあいさつしたり、ほめたり、悩み事の相談にのる』といった行動が挙げられ、集団的な一斉指導の教育力ではないことが報告されている。しかし、日本の教師は、アメリカの教師と日本の教師を比較した結果、「他者の気持ちをよく推し測って」同調する子どもを肯定的に評価するという集団志向性が強いのが特徴である（永井, 2002）。

　近年の個性尊重にみる保護者や生徒の個人志向性傾向の存在は、集団という共同性形成を目指す教師にとって調整の難しい問題となってきている。生徒との親和的関係を目指した教師行動には現代の教育問題が内包されていると言え

る。個人志向性と集団志向性という関係の調整の難しさは、消極的生徒指導の理解の不足からくる生徒指導実践の低調として指摘されている可能性もある。

このような個人志向性は、生徒指導の初任者研修（全国調査）においても認められ、「カウンセリングの進め方」が他の研修内容より群を抜いて多いことが報告されている（河合, 2003）。生徒指導の研修が、個人志向性に偏った傾向が見られることから滝（2002）は、「生徒指導とは何か」という理念に触れる実践や研究が少ないことを危惧している。今後、生徒指導における集団志向性（教師側）と個人志向性（生徒側）の調整のバランスという問題をどのように克服していくのか、心理教育的援助サービスの実践という学校心理学の立場から議論して行くことが必要であろう。両志向性を二項対立で捉えるのではなく、「どのような生徒指導の目標に焦点をあてて実践していくのか」が問われている。

一例として、田村（2004）は、「総合的な学習の時間」を活用し、児童生徒にとってどのようなスキルの開発が必要か、予防すべき問題状況は何かなど学習課題や教育課題を把握する中で、質の高い体験学習の場を開拓することを報告している。同じく飯田（2003）、山口・飯田・石隈（2005）は、児童生徒の問題傾向の背景に、社会的スキルやライフスキルなどの低下があることを指摘し、発達課題・教育課題の解決を促進する学校生活スキルの構造から、教師の「何に焦点を当てて援助サービスを提供していくのか」という実践のあり方について提言している。また、八並（2001）は生徒指導分野でのスチューデントサポートチーム（SST）の事例研究で、援助目標を明確化したのちに教育効果を具体的に検証している。このような具体的な目標に焦点化した生徒指導の実践内

①「生徒指導とは何か」という
理念に触れた実践・研究
個人志向性・集団志向性の調整のバランス
具体的目標に焦点化した生徒指導の実践内容の議論

②調査方法の改善
サンプル数の少なさ
統制群との比較
具体的な学校組織要因・学校規模・地域特性等の観点からの検討
インタビュー調査などの質的研究

容を議論していく必要がある。

本研究は、A県のB地区生徒指導連絡協議会の全面的な協力を得て、参加者に調査を依頼した。調査対象は、各校における分掌として生徒指導を担当するもの、生徒指導実践への関与や理解が一定以上は認められる教師などが対象と考えられる。しかし、結果としてサンプル数が少ないという点が課題になる。また、同協議会に参加しない教師という統制群との比較をしていないことで、一般化するには限界があるが、今後の教師研修における生徒指導の教師認識や教師行動を振り返る研修方法として、ひとつの方向性を示している。他に、本研究の今後の課題として、八並（1994；1996）の指摘するように具体的な学校組織要因、学校規模、地域特性などの観点からも検討する必要がある。また、今後、インタビュー調査など質的研究もあわせて行う必要がある。

[引用文献]

明石要一・武内清・穂坂明徳・畠山滋・大野道夫・河野銀子　1991「高校教師の現状分析」千葉大学教育学部研究紀要，第39巻, 127-170.

蛭田政弘　2003「多様化する教職員を活かし支援する協働態勢づくり」木岡一明（編）「学校の組織設計と協働態勢づくり」教育開発研究所　154-159.

飯田順子　2003「中学生における学校生活スキルと学校生活満足度との関連」学校心理学研究, 3, 3-9.

井上正明　1993「教師の認知的力量と情意的力量の評価に関する教育心理学的研究」風間書房　32-33.

犬塚文雄　1995「臨床的生徒指導の特質と機能—TOSからCOSへの変革をめざして—」学校教育研究, 第10号, 59-72.

犬塚文雄　2002『生徒指導の機能統合に関する一試論—「臨床生徒指導」の視点から—』生徒指導学研究, 第1号, 11.

石田美清　2003『第4回　生徒指導学会　課題研究Ⅱ「カリキュラム開発と生徒指導」発表資料』

河合宜孝　2003『高等学校教員初任者研修改善に関する研究―「授業研究力量」形成を促進する校外研修プログラムの開発―』筑波大学教育学修士論文（未公刊）

文部省　1981「生徒指導の手引き」（改訂版）

永井聖二　1997「日本的教師―生徒関係と個性教育の展望―」萩原元昭（編）「個性の社会学」学文社　145-163.

永井聖二　2002「規範意識と教師の指導力」深谷昌志（編）「子ども規範意識を育てる」教育開発研究所　94-97.

尾木和英　2001「日本生徒指導学会設立記念シンポジウム　あらためて生徒指導を問う―何をなし得たか，何をなし得るか―」月刊生徒指導　学事出版　8月号　36-45.

坂本昇一　2003「生徒指導を支える人間観と目標，そして機能」月刊生徒指導　学事出版　3月号　50-53.

関根正明　2005「生徒指導の周辺―揚げ足取り―」月刊生徒指導　学事出版　5月号　78-79.

滝充　2002「生徒指導の理念と方法を考える―生徒指導モデルと事後治療的・予防治療的・予防教育的アプローチ―」生徒指導学研究，第1号，76-85.

田村修一　2004『中学生の「総合的な学習」における教師の指導・援助に関する研究―学習動機とその関連要因に焦点をあてて―」学校心理学研究，4, 27-35.

上杉賢士　2003「カリキュラム論からのアプローチ―チャータースクールからの示唆―」生徒指導学研究，第2号，17-26.

卜部敬康・今垣菊子・藤原麻美・真鍋亜希子・林理・岡本洋之・長谷川太一　2000　林理・長谷川太一・卜部敬康（編）「職員室の社会心理―学校をとりまく世間体の構造―」ナカニシヤ出版　158.

山口豊一・飯田順子・石隈利紀　2005「小学生の学校生活スキルに関する研究―学校生活スキル尺度（小学生版）の開発―」学校心理学研究，5, 49-58.

八並光俊　1994「生徒指導における学校組織要因の分析」片岡徳雄（編）「現代学校教育の社会学」福村出版　108-121.

八並光俊　1996「公立中学校における生徒指導体制と生徒指導機能の学校規模別分析」兵庫教育大学研究紀要，93-103.

八並光俊　2001「スチューデントサポートチームの教育効果に関する研究」学校心理学研究，1, 19-26.

柳生和男　2002「教師の免疫性と活動促進製の相互関係に関する一考察―千葉県における生徒指導教師群と教育相談教師群の比較による検証―」生徒指導学研究，第1号，96-105.

資料

表2　職種の相違と各得点の差

消極的生徒指導		賛同度		実践度		効力度		困難度	
職種	n（人）	平均	標準偏差	平均	標準偏差	平均	標準偏差	平均	標準偏差
教諭	53	4.56	0.65	4.13	0.83	3.86	0.82	3.42	1.24
養護教諭	18	4.36	0.46	3.31	1.03	3.14	0.90	3.08	0.99
管理職	11	4.73	0.45	4.68	0.49	4.59	0.69	3.27	1.10
その他	4	4.63	0.48	3.63	0.95	3.75	0.87	3.69	0.63
（全体平均）		4.54	0.59	4.00	0.93	3.80	0.91	3.34	1.14

積極的態度		賛同度		実践度		効力度		困難度	
職種	n（人）	平均	標準偏差	平均	標準偏差	平均	標準偏差	平均	標準偏差
教諭	53	4.48	0.46	3.81	0.84	3.73	0.84	3.19	1.22
養護教諭	18	4.15	0.97	3.20	1.02	3.13	0.88	3.26	0.98
管理職	11	4.70	0.48	4.45	0.56	4.33	0.86	3.30	0.98
その他	4	4.75	0.50	3.83	0.88	3.67	0.72	4.00	0.72
（全体平均）		4.44	0.62	3.77	0.91	3.68	0.89	3.26	1.12

共感的態度		賛同度		実践度		効力度		困難度	
職種	n（人）	平均	標準偏差	平均	標準偏差	平均	標準偏差	平均	標準偏差
教諭	53	4.74	0.59	4.17	0.89	3.98	0.99	3.13	1.39
養護教諭	18	4.28	0.83	3.83	0.92	3.83	1.10	3.00	1.08
管理職	11	4.91	0.30	4.91	0.30	4.73	0.65	2.91	1.30
その他	4	5.00	0.00	3.50	1.00	3.75	0.96	3.50	0.58
（全体平均）		4.67	0.64	4.16	0.90	4.03	0.99	3.09	1.27

＊全体平均とは各職種の平均ではなく86名の平均値である

表 3　教職経験と各得点の関係

消極的生徒指導		賛同度		実践度		効力度		困難度	
教職経験	n（人）	平均値	標準偏差	平均値	標準偏差	平均値	標準偏差	平均値	標準偏差
1〜5 年	10	4.35	0.74	3.65	0.76	3.50	0.90	3.63	0.96
6〜10 年	19	4.74	0.36	3.74	1.11	3.78	0.96	3.17	1.35
11〜15 年	16	4.47	0.48	4.05	0.90	3.81	0.87	3.41	1.16
16〜20 年	12	4.27	0.96	4.10	0.88	3.60	1.03	3.58	1.26
21〜25 年	11	4.61	0.49	4.07	1.08	3.73	1.00	3.32	1.16
26〜30 年	9	4.56	0.45	4.11	0.88	3.89	0.82	2.94	0.93
31 年以上	9	4.75	0.50	4.56	0.58	4.39	0.69	3.36	1.07

積極的生徒指導		賛同度		実践度		効力度		困難度	
教職経験	n（人）	平均値	標準偏差	平均値	標準偏差	平均値	標準偏差	平均値	標準偏差
1〜5 年	10	4.27	0.70	3.23	0.52	3.23	0.70	3.20	0.82
6〜10 年	19	4.37	0.69	3.58	1.15	3.42	1.24	2.93	1.30
11〜15 年	16	4.33	0.87	3.65	0.85	3.79	0.86	3.27	1.16
16〜20 年	12	4.47	0.30	3.83	0.75	4.03	0.48	3.55	1.12
21〜25 年	11	4.52	0.46	3.64	0.84	3.76	0.82	3.42	1.33
26〜30 年	9	4.52	0.53	3.48	0.96	3.81	0.60	3.11	0.80
31 年以上	9	4.85	0.34	4.48	0.56	4.67	0.55	3.59	1.06

共感的態度		賛同度		実践度		効力度		困難度	
教職経験	n（人）	平均値	標準偏差	平均値	標準偏差	平均値	標準偏差	平均値	標準偏差
1〜5 年	10	4.30	0.95	3.80	0.79	4.00	0.82	3.40	1.26
6〜10 年	19	4.68	0.67	4.11	1.05	4.00	1.11	3.42	1.35
11〜15 年	16	4.81	0.40	4.19	0.75	3.88	0.89	2.94	1.44
16〜20 年	12	4.67	0.65	4.25	0.62	4.25	0.97	2.50	1.00
21〜25 年	11	4.55	0.69	3.91	0.83	3.82	1.08	3.00	1.26
26〜30 年	9	4.67	0.71	4.22	1.39	4.00	1.32	2.78	1.30
31 年以上	9	5.00	0.00	4.78	0.67	4.44	0.88	3.56	1.13

表4　教師属性と各得点の関係

	教職経験	生徒数	消極・賛同度	消極・実践度	消極・効力度	消極・困難度	積極・賛同度	積極・実践度	積極・効力度	積極・困難度	共感・賛同度	共感・実践度	共感・効力度	共感・困難度
教職経験	1.00	.10	.07	.25*	.18	-.05	.23*	.37**	.25*	.13	.16	.19	.08	-.07
生徒数		1.00	.02	.19	.24*	-.13	-.05	.15	.08	-.24*	.03	.03	.07	-.12

*p < 0.5, **p < 0.1

表5　各得点の相関関係

	消極・賛同度	消極・実践度	消極・効力度	消極・困難度	積極・賛同度	積極・実践度	積極・効力度	積極・困難度	共感・賛同度	共感・実践度	共感・効力度	共感・困難度
消極・賛同度	1.00	.40**	.50**	.14	.10	.07	.17	-.01	.11	.13	.09	.03
消極・実践度		1.00	.81**	.27*	.44**	.75**	.72**	.18	.20	.44**	.46**	.04
消極・効力度			1.00	.22*	.38**	.60**	.63**	.15	.23*	.40**	.40**	.08
消極・困難度				1.00	.12	.06	.04	.73**	.11	-.03	.03	.54**
積極・賛同度					1.00	.62**	.52**	.10	.25*	.20	.09	.07
積極・実践度							.90**	.08	.20	.50**	.46**	-.05
積極・効力度							1.00	.10	.25*	.56**	.57**	-.04
積極・困難度								1.00	.05	-.07	-.07	.55**
共感・賛同度									1.00	.42**	.37**	-.14
共感・実践度										1.00	.74**	-.15
共感・効力度											1.00	-.21
共感・困難度												1.00

*p < 0.5, **p < 0.1

表6　消極的生徒指導の困難度による3類型

消極的生徒指導		賛同度		実践度		効力度		困難度	
類型	n（人）	平均	標準偏差	平均	標準偏差	平均	標準偏差	平均	標準偏差
L群	28	4.53	0.73	3.64	1.19	3.52	1.25	1.99	0.67
M群	30	4.38	0.55	4.12	0.75	3.91	0.66	3.48	0.38
H群	28	4.74	0.39	4.24	0.71	3.96	0.68	4.54	0.39
積極的生徒指導		賛同度		実践度		効力度		困難度	
類型	n（人）	平均	標準偏差	平均	標準偏差	平均	標準偏差	平均	標準偏差
L群	28	4.40	0.76	3.67	1.17	3.63	1.11	2.32	0.90
M群	30	4.40	0.64	3.82	0.80	3.67	0.84	3.34	0.77
H群	28	4.55	0.44	3.81	0.76	3.74	0.74	4.14	0.89
共感的態度		賛同度		実践度		効力度		困難度	
類型	n（人）	平均	標準偏差	平均	標準偏差	平均	標準偏差	平均	標準偏差
L群	28	4.61	0.74	4.11	1.07	3.93	1.15	2.21	1.13
M群	30	4.67	0.66	4.20	0.81	4.07	0.98	3.23	1.04
H群	28	4.75	0.52	4.18	0.86	4.11	0.88	3.82	1.16

*消極的生徒指導困難度の高低による3類型をもとに平均点を比較

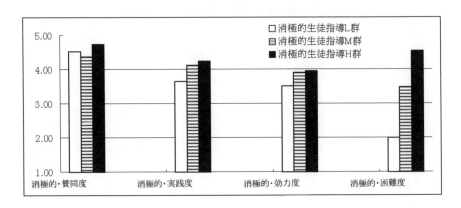

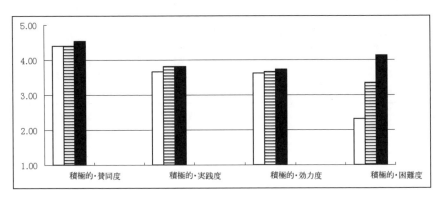

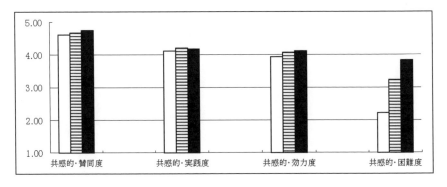

図 2　消極的生徒指導の困難度による 3 類型の各得点

第 3 章

高校教師の指導観と同僚評価の関連
―教師集団の認識の差異に着目して―

要 旨

　本研究は、実効性ある生徒指導体制を構築するためには、単に指導方針・目標を教師同士が共有するだけではなく、教師同士が相互に相手の認識（指導観や同僚と共同歩調をとるための同僚評価観）の差異を押さえておく必要があると考えた。具体的には、「指導のあり方に対する教師認識（以下、指導観）」と「同僚教師の行動やあり方において個々の教師が重要と見なし、教師集団を一体化するような価値規準（以下、同僚評価）」の関係に着目した。本研究の目的は、指導観と同僚評価の関連を検討し、「教師集団の認識の差異」（個人属性・学校属性）があるかどうかを明らかにすることである。

　生徒指導における指導観を消極的・積極的生徒指導としてとらえ、生徒指導における同僚教師への同調性の観点から同僚評価を「同僚教師との調和評価度」「同僚教師の指導評価度」「同僚教師との関係評価度」から構成した。年代別に指導観・同僚評価の相関を比較した結果、若手教師とベテラン教師は両者の相関が高かった。それに比べて、40 代の中堅教師は相関がみられなかった。中堅教師の同僚教師との独特な関係性が示唆された。

【キーワード】高校教師、指導観、同僚評価、教師集団、認識の差異

第1節　問題と目的

　情報化や都市化など社会環境が大きく変化する今日、メールやネットによる新たないじめ問題など学校現場が抱える問題は多岐にわたっている（国立教育政策研究所生徒指導研究センター, 2006）。規範意識の育成を目指した日々の生徒指導上の問題に対する組織的対応が学校現場で求められている。しかし、学校現場における対応は、問題行動等の対応に終始する段階に留まっているのではないかという指摘がある（文部科学省, 2010）。文部科学省（2010）は、このような指摘をうけて小学校段階から高等学校段階までの生徒指導の理論・考え方や実際の指導法を網羅的にまとめた生徒指導提要を作成した。そのなかで「生徒指導体制の基本的な考え方」について詳細に提言している。校内の生徒指導体制とは、「校内の生徒指導の方針・基準を定め、生徒指導

計画に盛り込むとともに、校内研修などを通じて教師間で共有し、一貫性のある生徒指導を行う」ことと説明されている。また、生徒指導の前提となる基本的な考え方について、「人間観」「発達観」「教育観」「指導観」の各観点からの具体的な考え方が説明されている。本研究では、これらの観点のなかで教師の「指導観」に着目し、「指導観の実際」は学校現場でどのような状況になっているのか関心をもっている。

　学校現場の生徒指導の実際は、前掲の文部科学省の説明にもあるように、「ある教師は、児童生徒との信頼関係の下に、厳しい指導をすることもあり、また、ある教師は、児童生徒とじっくり話すことで、粘り強く指導することができる。生徒指導体制を強固にするためには、こうした教師の様々な個性、年

齢、体力、経験を互いに理
解し、信頼関係を構築して
いくことが重要である」と
されてきた。言い換えれば
「①指導方法や考え方（指
導観）は様々であるが、②
同僚教師と考えや行動をそ
ろえていく（共同歩調）、

A先生　　共同歩調　　B先生

いわゆる同僚との関係」が生徒指導体制における暗黙の了解とされてきた。以
下、「指導観」「同僚との関係」はどのような状況であるのか、関係する先行研
究を概観する。

(1) 先行研究の概観 「指導観」「同僚との関係」

　教師の「指導観」は、教職という仕事のもつ特性として論じられてきた。例
えば「指導」においては教師特有な「思い込み」であるイラショナル・ビリー
フの存在が報告されている（河村・國分, 1996）。強迫的な指導認識は教師の感
じる不快感と関連している（河村・鈴木・岩井, 2004）。また、犬塚（1995）は、
指導の実際における教師認識に着目し、現職教師の指導に対するイメージを調
査した結果、否定的イメージ30.7％、肯定的イメージ18.9％、中立的イメージ
50.4％など教師認識が3類型に分かれていた。このような結果から、指導の一
貫性や統一性の前提となるべき「指導観」において教師認識の差異が予想され
る。

　次に、後者の「同僚との関係」において、学校現場における同僚との協働性
の発揮は一般的に低調であり、専門的自律性による個業（孤業）性として指摘
されてきた（黒沢, 1999；落合, 2003；齋藤, 1999）。そのような協働性の低調を打
破するスローガンとして、「生徒指導体制」という用語が現場で支持されてき
た経緯がある。生徒指導における「同僚との関係」において、8割以上の教師
が「指導の歩調を合わせる努力」が必要であると述べている（油布, 1990）。し

かし、それは、同僚教師の「学年全体の調和を考えて指導しない」というような不一致行動を低く評価する（永井, 1981）という評価行動につながっている。学校現場では教師個人の独自性や裁量が認められている反面、同僚教師への配慮が必要になり、同僚教師から評価されるという評価懸念（高木・田中, 2003）が報告されている。このように生徒指導における共同歩調は、「（指導実践における）教師集団の足並みをそろえる」として望ましいものとしての理解もあるが、教員文化研究では「出る杭は打たれる」など教師集団の同調性（永井, 1981）としても理解されている。

　本研究では、「同僚評価」という用語を用いるが、いわゆる教員評価の議論において「同僚同士によってなされる評価」という意味ではなく、職員室における教師の集団規範の観点（山口, 1994；油布, 1990）から設定したものである。油布（1990）によれば「同僚との調和という規範は、生徒を平等に遇するという意味で教師に違和感なく受容され、教師の果たす役割やその基準をほどほど

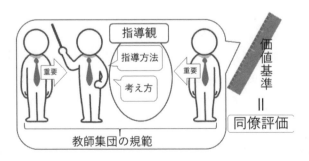

の所で調整し、教育行為を平準化し、ある意味で自立性を放棄したことになるが、不安的な状況に対処し得る心理的機能等として機能する」と説明している。本研究での、「同僚評価」とは、同僚教師の行動やあり方において個々の教師が重要と見なし、教師集団の規範となるような価値規準を想定している。

　以上のように教師同士の「指導観」の実際は、教師の専門的自律性と個業（孤業）性、そして協働化の関係の問題としてとらえる必要など、教職という仕事の一般的特性として論じられてきた。本研究では、そうした先行の議論だけでは、不十分であると考え、「指導観」「同僚評価」、両者の関係における教師集団の認識の差異をより明確にするために、個人属性・学校属性なども参考に検討する必要があると考えた。

(2) 個人属性と学校属性

　先行研究によれば高校教師の指導観は大まかに類型化できる。進学率による学校間格差の大きい高校では、20 歳代・30 歳代では、勤務校の進学率に指導観が左右され、非進学校では生活指導型に、進学校では放任型になる。また 40 歳代以上は、教職経験に規定されていることが報告されている（赤石・武内・稲坂・畠山・大野・河野, 1991）。また、油布（1990）は「指導のあり方について（不満はあるが同僚の考えに黙って従うという質問項目）」、40 歳代を境に差異があり、経験の浅い教師が異議を唱えにくいことを報告している。以上のことから、指導観や同僚評価は、個人属性である教職経験と学校属性である進学率（小島, 2002）に関連があることが考えられる。

　本研究は、実効性ある生徒指導体制を構築するためには、単に指導方針・目標を教師同士が共有するだけではなく、教師同士が相互に相手の認識（指導観や同僚と共同歩調をとるための同僚評価観）の差異を押さえておく必要があると考えた。具体的には、「指導のあり方に対する教師認識（以下、指導観）」と「同僚教師の行動やあり方において個々の教師が重要と見なし、教師集団を一体化するような価値規準（以下、同僚評価）」の関係に着目した。本研究の目的

は、指導観と同僚評価の関連を検討し、「教師集団の認識の差異」（個人属性・学校属性）があるかどうかを明らかにすることである。

　本研究では高校教師を研究対象としている。高校生という時期は、青年前期に位置し、活発な精神活動と運動性が特徴であり、人間的な大きな成長もみられる時期である。その一方でこの時期に特有なこころの悩みや心の揺れ、不安といった発達課題も抱えている。教師集団は、このような問題を抱えた子どもたちを、各教科、道徳、特別活動、総合的な学習の時間などを通して、言い換えれば全教育活動を見通して生徒指導を実践する必要がある。繰り返しになるが、生徒指導とは、問題行動の対応に終始するだけではなく、一人ひとりの児童生徒の人格を尊重し、個性の伸長を図りながら、社会的資質や行動力を高めるよう指導、援助するものである。そのためには、学校教育としてより組織的な取組を行っていくことが必要である（文部科学省, 2010）。

第2節　研究方法

　本研究は、前項で述べたように生徒指導における「指導観と同僚評価は相互

本研究での教師文化・同僚評価・学校組織評価の関係

に関連し、個人属性である教職経験と学校属性である進学率に関連があること」を仮説として、それを検証するために両要因と各属性に関係する質問項目を構成する。その後、得られた回答結果を数量的に分析する。

（1）質問紙の構成

　本研究は、「指導のあり方に対する教師認識」の先行研究から、次の 4 側面をもとに検討する。井上（1993）は教師の指導力形成について具体的な実践目標への「望ましさの程度」「実践している程度」の 2 側面から検証し報告しており、本研究でも指導観について「賛同の程度」「実践の程度」の 2 側面を設定した。久冨（2003）は、教師と生徒の関係、教師と保護者の関係、教師と地域の関係などにみる近年の教育関係成立の難しさに着目し、これらの難しい仕事に取り組む教師たちを内側から支えてきた教員文化は、教師たちの認識した「喜びと慰め」「困難と苦悩」などに焦点化されると述べている。変動する社会の中で、より困難な業務としての生徒指導実践は展開されている。本研究では、この枠組みを参考に、指導観における「効力の程度」、「困難の程度」という 2 側面も付け加えた。以上、「賛同の程度」「実践の程度」「効力の程度」「困難の程度」の 4 側面をもとに指導観における教師認識を検

討する。

　同僚評価は「低く評価する同僚の教育活動」尺度（永井，1981）を参考に、「（同僚教師の行動の望ましさについて）学年全体の調和を考えて生徒指導をしている」などの同僚との調和行動の評価（以下、調和評価）、「（同僚教師のあり方や姿勢の望ましさについて）新しい指導の仕方に意欲的である」など同僚の指導観の評価（以下、指導評価）、「（同僚教師の行動の望ましさについて）同僚の相談にのっている」など同僚との関係行動の評価（以下、関係評価）の3側面から作成されたものを採用した。

(2) 質問紙の内容（表1・表2）

　本研究は、H県教育委員会においてアンケート協力の得られた高校に着目して検討を進めた。「指導観」は、文部省（1981）の「生徒指導の手引き」にある生徒指導には消極的目的と積極的目的の二つがあるという考えを参考に前者は問題行動に対しての対症療法的な生徒指導であり、生徒集団の安全確保のための管理やきまりの遵守が必要となり、後者は人間らしい生き方を求める「自己指導能力」の育成を目指す生徒指導として区別した。前者を「Ⅰ消極的生徒指導」、後者を「Ⅱ積極的生徒指導」として犬塚（2002）の「生徒指導の形態分類」を参考にしている。「消極的生徒指導」の「生徒指導は、基本的生活習慣や日常的な生活について指導すべきである」他4項目、同じく「積極的生徒指導」は、「生徒指導は、児童生徒の人格の完成を目指すものである」他3項目で、指導目標の賛同度・実践度・効力度・困難度について尋ねる。「同僚評価」は、「Ⅰ調和行動の評価」は「学年全体の調和を考えて生徒指導をしている」他6項目、「Ⅱ同僚の指導観の評価」は「新しい指導の仕方に意欲的である」他9項目、「Ⅲ同僚との関係行動の評価」は「同僚の相談によくのっている」他5項目である。以上、3側面からなる同僚評価項目を設定した。

　質問は「（自分自身の）指導観について」「同僚教師の行動やあり方の望ましさの程度について」尋ね、5とても当てはまる、4少し当てはまる、3どちらともいえない、2あまり当てはまらない、1全く当てはまらない、5件法で回

答を求め、その数字を選択するようにした。アンケート回答の結果から指導観・同僚評価の関連を個人属性（性別・教職経験・職名・分掌）・学校属性（生徒数・進学率・課程・学科）をもとに検討する。

第3節　調査結果と考察

　本研究では、「生徒指導体制の現状（教師認識）」は、教職経験や学校種（個人要因・学校要因）による差異が予想され、各要因別に整理して吟味していく必要があると判断している。調査年度は 2005 年度になるが、これまでの研究報告は順に、中学校教師を対象にした生徒指導観「消極的生徒指導と積極的生徒指導」の現状（瀬戸, 2006）、次に K 市の小学校・中学校・高校における教師認識の差異に着目した「協働的な生徒指導体制」の現状（瀬戸, 2009）と続き、本研究は H 県の高校教師を対象に「指導観」「同僚評価」の差異を検討した結果を報告するものである。

(1)　調査対象

　「調査時期」：2005 年 6 月。「調査対象」：回収したものの中で有効な回答である 220 部（回収率 61.9％、回答不備 13 部）を分析の対象とした。「調査手続き」：高校教師 376 名にアンケート調査を配布・回収（郵送留め置き法）した。調査対象のプロフィール及び各種属性などは次のようになる。「調査対象のプロフィール」：H 県は農業を基盤とした産業構造をもち、スクールバス通学などの広域性が特徴である。1999 年度で普通科高校に学ぶ学生は 7 割で、他は農業科を中心とした職業学科である。少子化にともなう高校配置の再検討が、1990 年から 6 つの地域生活経済圏域をもとに行われている。調査を依頼した 2 つの地域生活経済圏域において、今回調査協力の得られたのは普通科 7 高校と職業科 7 高校であった。対象地域においては、特に生徒指導上の問題や都市型の非行などは報告されていないが、規範意識の低下や集団生活の困難など日常的な生徒指導の必要性が報告されている。「各種属性」：性別は男 186 名、女

34 名。教職経験の平均 16.5 年、教職経験 5 年以内 44 名、5 年～ 10 年 44 名、
11 年～ 15 年 47 名、16 年～ 20 年 27 名、21 年～ 25 年 23 名、26 年～ 30 年 16
名、31 年以上 19 名。職名は、教諭 192 名、養護教諭 10 名、管理職 16 名、そ
の他実習助手等 1 名。担当分掌は、学校によって分掌名が異なるが生徒指導部
という表現は共通しており、生徒指導部担当が 67 名、生徒指導主任が 20 名、
その他が 120 名。生徒数は、100 人以下 2 校、101 ～ 200 人 4 校、201 ～ 300
人 1 校、301 ～ 400 人 1 校、401 ～ 500 人 1 校、501 ～ 1000 人 5 校。進学率
30％以下（8 校）、30 ～ 70％（4 校）、70％以上（2 校）。全日制課程 12 校、定時
制課程 2 校。進学率 30％以下（普通科 2 校、職業科 5 校、併設科 1 校）、30 ～ 70
％（普通科 2 校、職業科 2 校）、70％以上（普通科 2 校）。普通科 7 校と職業科 7
校で回答者は各校で約 10 ～ 15 名前後となった。

(2) 個人属性・学校属性と各カテゴリー得点

　主成分分析をした際、第 1 主成分の寄与が高く、かつ第 2 主成分の寄与が
第 1 主成分より際立って小さく、かつ、第 2 主成分の寄与が 1 以下（あるいは
1 程度）である場合、第 1 成分を採用する。また、各尺度とも第 1 主成分が
50％を越え、固有値の減衰状況および解釈の概念的妥当性から第 1 成分を採
用する（主成分負荷量 .40 以上が条件）。以下、尺度得点の平均値（各カテゴリー
で質問項目の合計を項目数で除したもの）の提示により学校現場の実践者が実践
の差異を容易に比較検討し活用できることを考えている（得点 1 ～ 5）。以下、
数量的検証では消極的生徒指導の賛同度を、消極・賛同度など短縮して表記
する。

(3) 各得点の相関関係―相関係数（ r ＞ .20）を基準として相関関係を判断―

①各得点と個人属性・学校属性との関連

　教職経験と指導観・同
僚評価の相関はなかった。
進学率が消極・困難度
（ r = -.21）に弱い負の相
関が認められた。なお他
にも有意な相関係数が認
められたが、いずれも基
準とした係数よりも小さ
かった（ r ＜ .20）。

進学率が高い

消極的生徒指導

困難度

②指導観・同僚評価の関連

　消極・賛同度と同僚評価 3 得点には相関がなかった。消極・実践度と同僚評
価 3 得点に弱い相関、消極・効力度と同僚評価 3 得点に弱い相関、消極・困難
度と調和評価（ r = -.22）
に負の弱い相関があった。
積極・賛同度、積極・実
践度、積極・効力度のそ
れぞれと同僚評価 3 得点
に弱い相関があった。積
極・困難度と同僚評価 3
得点には相関がなかった。

指導観

同僚評価
3得点

消極・実践度

消極・効力度

消極・困難度

(4) 各得点の教師属性・学校属性別の平均値の比較（Tukey 法）

①指導観と個人属性・学校属性の有意差

以下、表による説明は省略し結果のみ説明する。個人属性では性・職名と指導観・得点の有意差は見られなかった。有意差は、分掌の一部にのみ見られた。分掌の有意差は2得点にあり、消極・実践度（$F = 6.05, p < .01$）、消極・効力度（$F = 3.25, p < .05$）、積極・賛同度（$F = 6.48, p < .01$）、積極・実践度（$F = 3.00, p < .05$）、積極・効力度（$F = 4.36, p < .05$）となった。多重比較（Tukey 法）の結果、消極・実践度（生徒指導主任＞指導部教諭・その他の分掌）、消極・効力度（生徒指導主任＞指導部教諭・その他の分掌）、積極・賛同度（生徒指導主任＞その他の分掌）、積極・実践度（生徒指導主任＞その他の分掌）、積極・効力度（生徒指導主任＞その他の分掌）、となっている。生徒指導主任は、他の教師よりも指導観の

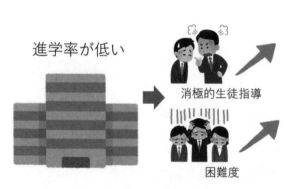

得点が高くなっている。学校属性では生徒数・課程・学科において指導観・得点の有意差は見られなかった。有意差は、進学率の一部にのみ見られた。進学率の有意差は2得点にあり、消極・困難度（$F = 5.26, p < .01$）、積極・実践度（$F = 4.28, p < .05$）。多重比較（Tukey 法）の結果、消極・困難度（進学率30%

以下 > 31% 以上）、積極・実践度（進学率 30% 以下 < 31 ～ 70%）となった。進学率が低いほど消極・困難度が高くなり、進学率が高いほど積極・実践度が高くなる。

②同僚評価と個人属性・学校属性の有意差

進学率以外のすべての属性で有意差は見られなかった。同僚評価の中の指導評価（F = 3.57, p < .05）、多重比較（Tukey 法）の結果、指導評価（進学率 30% 以下 < 71% 以上）となった。進学率が高いほど指導評価について得点が高くなる傾向が認められた。

以上、指導観と同僚評価（同僚との調和行動等）の形成に関しては、教職経験・分掌・進学率のみに有意差が一部認められた。

（5）教職経験の差異

教職経験を 1 ～ 10 年（88 名）、11 ～ 20 年（74 名）、21 ～ 30 年（39 名）、31 年以上（19 名）を順に 4 群（20 代・30 代・40 代・50 代）として分け説明する。4 群を独立変数、指導観（消極 4 要因・積極 4 要因）・同僚評価（3 要因）の各得点を従属変数とした一元配置の分散分析を行い、多重比較を行った結果、いずれの年代間にも平均値の差異は認められなかった。次に各年代での相関係数を検討した。

（6）各年代での相関係数（表 3-1・表 3-2・表 3-3・表 3-4）

各得点の各年代（教職経験別）の相関係数を算出した。先行研究より、個別の生徒指導などの職務葛藤（消極的指導の困難感）が年代によって異なることから（高木・淵上・田中, 2008）、消極指導 4 要因に限定して教職経験別の相関係数を説明する。説明上、20 代（教職経験 1 ～ 10 年）、30 代（11 ～ 20 年）、40 代（21 年～ 30 年）、50 代（31 年以上）と表記している。

```
┌─────────────────────────────────────────────┐
│  （消極的）指導の困難感                        │
│  ・20代は「調和評価」「関係評価」が負の弱い関連  │
└─────────────────────────────────────────────┘
┌─────────────────────────────────────────────┐
│  （消極的）指導の効力感                        │
│  ・20代は「調和評価」「関係評価」が正の弱い関連  │
│  ・30代は「調和評価」「指導評価」「関係評価」が正の弱い関連 │
│  ・50代は「指導評価」「関係評価」が正の中程度の関連 │
└─────────────────────────────────────────────┘
┌─────────────────────────────────────────────┐
│  （消極的）指導の実践度                        │
│  ・中堅・前期の30代は「調和評価」「指導評価」が正の弱い関連 │
└─────────────────────────────────────────────┘
┌─────────────────────────────────────────────┐
│  （消極的）指導の賛同度                        │
│  ・中堅・前期の30代は「調和評価」「指導評価」「関係評価」が正の弱い │
│    関連                                       │
└─────────────────────────────────────────────┘
```

①**「（消極的）指導の困難感」**　20代は、「（消極的）指導の困難感」と同僚教師との「調和評価」「関係評価」が、負の弱い関連を示しているが、「指導評価」とは関連がなかった。また、中堅の教師30代・40代とベテランの50代教師は、「（消極的）指導の困難感」と同僚教師との「調和評価」「指導評価」「関係評価」とは関連がなかった。

②**「（消極的）指導の効力感」**　20代は、「指導の効力感」と同僚教師との「調和評価」「関係評価」が、正の弱い関連を示しているが、「指導評価」とは関連がなかった。また、30代の教師は、「（消極的）指導の効力感」と同僚教師との「調和評価」「指導評価」「関係評価」が、正の弱い関連を示している。しかし、40代の教師は、「（消極的）指導の効力感」と同僚教師との「調和評価」「指導評価」「関係評価」と関連を示さなかった。ベテラン教師50代は、「（消極的）指導の効力感」と同僚教師との「指導評価」「関係評価」が、正の中程度の関連を示している。

③「（消極的）指導の実践度」　中堅・前期の 30 代教師は、「（消極的）指導の実践度」と同僚教師との「調和評価」「指導評価」が、正の弱い関連を示している。その他の年代の教師に、両者の関連は見られなかった。

④「（消極的）指導の賛同度」　中堅・前期の 30 代教師は、「（消極的）指導の賛同度」と同僚教師との「調和評価」「指導評価」「関係評価」が、正の弱い関連を示している。その他の年代の教師に、両者の関連は見られなかった

第4節　総合的考察

　学校現場は急速に変化する社会の中で生徒指導上の多様な問題を抱えており、組織的な対応が求められている。いわゆる生徒指導体制として、教師集団が共通の指導方針・目標を共有しつつ、個々の教師の指導観が尊重され、同僚教師と共同歩調をとること、が必要であるとされてきた。本研究は、教師集団の認識の差異を指導観・同僚評価観（属性の差異）から検討した。その結果、指導観のなかでも消極的指導について教職経験による相関係数（指導観・同僚評価）の差異が認められた。限られた質問紙に限定した調査であるため、「生徒指導体制」の全体像を検討することはできないが「教師集団の認識の差異」は以下のようになった。

　例えば、教師の分掌による差異として、生徒指導主任は、他の教師よりも指導観の得点が高くなっている。当然の結果といえるが、数量的にも確かめられた。個々の教師にとって「（教師自身が）指導において何をすべきか」という指導観は、犬塚（1995）が説明したように教師にとって一様ではなくまずは分掌による認識の差異が見られた。次に、個人要因の中でも教職経験（各年代での相関係数）をもとに指導観・同僚評価の関連を検討した結果、次のようになった。先行研究から生徒指導の実践は、教師の使命感からくる各指標への賛同—実践—効力という連鎖、と指導の困難感が異なって表出することが明らかになっており（瀬戸, 2006）、本研究では困難感と効力感に着目して説明する。

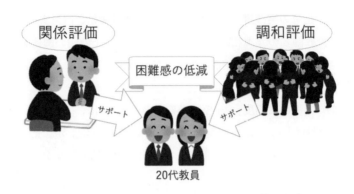

　「(消極的) 指導の困難感」に着目すると、20 代の経験の浅い教師は、生徒指導の葛藤が強くなる (高木・淵上・田中, 2008)。しかし、本研究の結果から、同じ 20 代の教師であっても指導の困難感が低い若手教師ほど同僚教師との (周りと歩調を合わせている)「調和評価」や (同僚とのコミュニケーションがとれる)「関係評価」を強く認識する傾向があったと説明できる。20 代教師の困難感も同僚教師のサポートにより変容する可能性がある。学校現場では、新任教師も一人前の教師として仕事を任せられる。低進学率の学校がすべて教育困難校ではないが、H 県のように「規範意識の低下や集団生活の困難など日常的な生徒指導の必要性」を抱えている場合、上記の結果から、同じ 20 代教師であっても職場の先輩教師への関心の程度が高い教師ほど、「(消極的) 指導の困難感」が低くなっている。このことを参考にすれば、20 代教師への先輩教師から積極的にサポートする姿勢が、20 代教師の指導の困難観を低減し、生徒指導体制の第一歩となるであろう。若手教師の指導力量を形成する場面を、より多く設定する必要がある。その結果として 20 代は、「指導の効力感」が高い教師ほど同僚教師との「調和評価」「関係評価」を高く評価していることにつながる。このことは、30 代の教師とベテラン教師 50 代にもみられる。

　その一方で、各学校で組織上の要となるべき 40 代の教師は、「(消極的) 指導の効力感」と同僚教師との「調和評価」「指導評価」「関係評価」と関連を示さなかった。「効力の程度」に着目すると、40 代教師にのみ同僚評価に関連が

認められなかった。各職場において、生徒指導体制のキーパーソンになるはず
の 40 代が、指導の効力感の認識と同僚評価への認識が独立しているのはなぜ
であろうか。40 代の教師は、ベテラン教師としての経験が豊かであるが、な
ぜ他の世代と異なり指導観・同僚評価の関連が認められなかったのであろうか。
例えば、同僚による相互評価という規制力の存在をピア・プレッシャーとして
理解した大野（2005）は、「他人に負担（迷惑）をかけた者に制裁を加える」と
いう相互監視というマイナス面とともに「他人の負担を軽減しよう（助けよ
う）」という相互扶助のプラス面が並立し、相互監視と相互扶助が微妙なバラ
ンスの上に成り立っていると説明している。40 代中堅教師は、「自分の担当す
る生徒の問題対応で同僚に迷惑をかけない」という消極的な意味合いの相互配
慮や認識が他の年代と比べて強い可能性がある。田村・石隈（2006）は生徒指
導の悩みは、同僚教師・管理職・保護者からの評価に関する悩みであるとし、
「同僚間の評価の視線」の存在から（佐藤, 1999）、「同じ教師の立場にある同僚
教師や管理職に、（指導・援助に対する批判や苦情など）その悩みの解決のため
に援助や助言を求めることは、当然、抵抗感を生じさせる」と報告している。
これは、「40 代という中堅教師に固有な自負、あるいは迷いによるものか」な
ど今後、インタビュー調査などにより明らかにする必要がある。
　本研究は限られた研究結果ではあるが、生徒指導上の問題に組織的対応する

ためには、認識傾向が異なる教師集団（教職経験別の複層構造）の存在を考慮することが必要となる。一例として、教職経験（20 代とそれ以外の年代、40 代とそれ以外の年代）をもとにした認識の差異を日常的な実践の中や校内研修のなかで相互に理解することが必要になる。具体的には、本研究の質問紙の内容を参考に管理職、学年主任や生徒指導の担当者などミドルリーダーなどが、初任者から中堅教師まで教師集団の教師認識をアセスメントし、リーダーシップを発揮していくことが必要であろう。

　本研究は、アンケート調査の回答による教師認識を数量的に検証したものであり限界がある。今後の調査上の課題として、インタビュー調査を通して個人的指導体験の影響の有無を調査する必要がある。また、生徒指導に影響を及ぼす要因はさまざま考えられる（八並, 1994）。今後の研究上の課題として、日本の社会の抱える問題（規範意識の低下など）といった「広」社会的要因、地域社会（少子化など）における「狭」社会的要因、生徒自身や家族の問題といった「個人的要因」、学校の「組織的要因」などが想定される。本研究の調査データから言えることは数少なく、教師集団の「個人属性」「学校属性」に限定した調査にとどまるが、これを出発点として、生徒自身の問題、家族の問題、地域の問題など研究対象を広げていく必要がある。

教職経験の差異による指導観・同僚評価観の関連

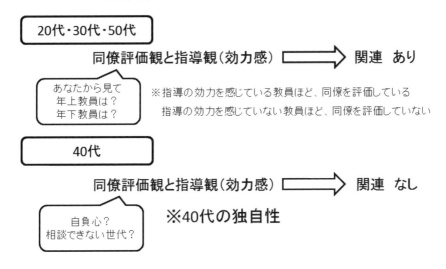

世代ごとの同僚評価観・指導観の関連性

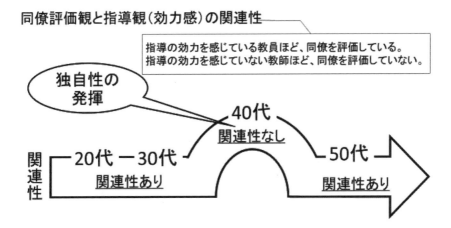

[引用文献]

赤石要一・竹内清・穂坂明徳・畠山滋・大野道夫・河野銀子　1991　高校教師の現状分析　千葉大学教育学部研究紀要　第 39 巻　pp.127-169.

井上正明　1993　教師の認知的力量と情意的力量の評価に関する教育心理学的研究　風間書房　pp.32-33.

犬塚文雄　1995　臨床的生徒指導の特質と機能―TOS から COS への変革をめざして―　学校教育研究　第 10 号　pp.59-72.

犬塚文雄　2002　生徒指導の機能統合に関する一試論―「臨床生徒指導」の視点から―　生徒指導学研究　第 1 巻　p.11.

河村茂雄・國分康孝　1996　小学校における教師特有のビリーフについての調査研究　カウンセリング研究　第 29 巻　pp.55-59.

河村夏代・鈴木啓嗣・岩井圭司　2004　教師に生ずる感情と指導の関係についての研究―中学校教師を対象として―　教育心理学研究　第 52 巻第 1 号　pp.1-11.

久冨善之　2003　久富善之（編）教員文化の日本的特性　多賀出版　pp.3-6.

黒沢幸子　1999　中学校での事例 "学年共和国" のエイジェントとして　尾川捷之・村山正治（編）学校の心理臨床　金子書房　pp.238-248.

国立政策研究所生徒指導研究センター　2006　生徒指導体制のあり方についての調査研究―規範意識の醸成を目指して―（報告書）

小島秀夫　2002　高校教師が体験した困難　教師の意識全国調査の分析　教職研修 12 月号　教育開発研究所　pp.84-87.

文部省　1981　生徒指導の手引き

文部科学省　2010　生徒指導提要　p.81.

永井聖二　1981　現代の教員社会と教員文化　石戸谷哲夫・門脇厚司（編）日本教員社会史研究　亜紀書房　pp.577-618.

大野正和　2005　ピア・プレッシャーをどう考えるか　まなざしに管理される職場　青弓社　pp.50-52.

落合美貴子　2003　教師バーンアウトのメカニズム―ある公立中学校職員室のエスノグラフィー―　コミュニティ心理学研究　第 6 巻第 2 号　pp.72-89.

齋藤浩一　1999　中学校教師の心理社会的ストレッサー尺度の開発　カウンセリング研究　第 32 巻　pp.254-263.

佐藤博　1999　中学教師はつらいよ―苦難の海を漕ぎわたる中学教師たち　田中孝彦・佐藤博・宮下聡（編）中学生の世界 3　中学教師もつらいよ　大月書店　pp.43-60.

瀬戸健一　2006　消極的生徒指導と積極的生徒指導の検討の試み―生徒指導連絡協議会に参加した教師の認識に着目して―　学校心理学研究　第 6 巻第 1 号　pp.53-65.

瀬戸健一　2009　協働的な生徒指導体制における教師認識の検討―小学校・中学校・高校における教師認識の差異に着目して―　日本高校教育学会年報　第 16 号　pp.48-57.

高木亮・田中宏二　2003　教師の職業ストレッサーに関する研究―教師の職業ストレッサーとバーンアウトの関係を中心に―　教育心理学研究　第 51 巻第 2 号　pp.165-174.

高木亮・淵上克義・田中宏二　2008　教師の職務葛藤とキャリア適応力が教師のストレス反応に与える影響の検討―年代ごとの影響の比較を中心に―　教育心理学研究　第 56 巻　第 2 号　pp.230-242.

田村修一・石隈利紀　2006　中学校教師の被援助志向性に関する研究―状態・特性被援助志向性尺度の作成および信頼性と妥当性の検討―　教育心理学研究　第 54 巻　pp.75-88.

山口裕幸　1994　集団過程　藤原武弘・高橋超（編）チャートで知る社会心理学　福村出版　pp.111-124.

八並光俊　1994　生徒指導における校内組織要因の分析　片岡徳雄（編）現代学校教育の社会学　福村出版　pp.108-121.

油布佐和子　1990　教員文化と学校改善　牧昌見・佐藤全（編）市川昭午（監修）学校改善と教職の未来　日本の教育 4　教育開発研究所　pp.35-63.

表1　消極的生徒指導の質問項目（4項目）

（私は日常的な教育活動のなかで）生徒指導は、

質問1　「基本的な生活習慣や日常生活について指導すべきである。」
質問2　「遅刻や校則の指導をすべきである。」
質問3　「反社会的な問題傾向がある児童生徒への指導をすべきである。」
質問4　「いじめ問題・不登校問題への対応をすべきである。」

　　　　　※「教員として賛同している」**賛同度**　α 係数 =0.70
　　　　　　「学校現場で実践している」**実践度**　α 係数 =0.80
　　　　　　「教育上良かったと感じることがある」**効力度**　α 係数 =0.85
　　　　　　「実践をしているが困難を感じることがある」**困難度**　α 係数 =0.87

表2　同僚評価の質問項目（調和行動・指導姿勢・関係行動）

Ⅰ　同僚との**調和行動**（6項目）
（同僚教師の行動の望ましさについて） 質問1　「学年全体の調和を考えて生徒指導をしている。」 質問2　「学校全体の調和を考えて生徒指導をしている。」 質問3　「生徒指導のあり方で周りと歩調を合わせている。」 質問4　「教科指導の仕方で周りと歩調を合わせている。」 質問5　「生徒との接し方で周りと歩調を合わせている。」 質問6　「学級経営のあり方で周りと歩調を合わせている。」 　　　　　　　　　　　　　　　　　　※　以上6項目　α係数=0.85
Ⅱ　同僚の**指導姿勢**（9項目）
（同僚教師のあり方・姿勢の望ましさについて） 質問1　「新しい指導の仕方に意欲的である。」 質問2　「研修に熱心である。」 質問3　「児童生徒の要望に耳を傾けている。」 質問4　「授業に熱心である。」 質問5　「児童生徒から好かれている。」 質問6　「授業の進め方が上手である。」 質問7　「児童生徒にきまりを守らせることができる。」 質問8　「教科の専門知識が豊かである。」 質問9　「部活動、クラブ活動などに熱心である。」 　　　　　　　　　　　　　　　　　　※　以上9項目　α係数=0.86
Ⅲ　同僚との**関係行動**（5項目）
（同僚教師の行動の望ましさについて） 質問1　「同僚の相談によくのっている。」 質問2　「同僚とコミュニケーションがとれる。」 質問3　「自分の主張をはっきり述べる。」 質問4　「共通理解に基づいた連携ができる。」 質問5　「同僚に親しまれている。」 　　　　　　　　　　　　　　　　　　※　以上5項目　α係数=0.88

表 3-1,2,3,4　教職経験の差異、指導観・同僚評価観の相関係数

指導観と同僚評価の相関（教職経験 1 〜 10 年，n = 88）

	消極賛同	消極実践	消極効力	消極困難	調和評価	指導評価	関係評価
消極賛同	1.00	.20	.27(*)	.14	-.05	.09	.03
消極実践		1.00	.67(**)	.14	.20	.17	.21
消極効力			1.00	.12	.33(**)	.17	.29(**)
消極困難				1.00	-.38(**)	-.13	-.28(**)
調和評価					1.00	.52(**)	.54(**)
指導評価						1.00	.76(**)
関係評価							1.00

指導観と同僚評価の相関（教職経験 11 〜 20 年，n = 74）

	消極賛同	消極実践	消極効力	消極困難	調和評価	指導評価	関係評価
消極賛同	1.00	.41(**)	.45(**)	.19	.34(**)	.30(**)	.33(**)
消極実践		1.00	.71(**)	-.05	.27(*)	.32(**)	.18
消極効力			1.00	.12	.29(*)	.37(**)	.31(**)
消極困難				1.00	-.10	.03	.15
調和評価					1.00	.45(**)	.45(**)
指導評価						1.00	.84(**)
関係評価							1.00

指導観と同僚評価の相関（教職経験 21 〜 30 年，n = 39）

	消極賛同	消極実践	消極効力	消極困難	調和評価	指導評価	関係評価
消極賛同	1.00	.61(**)	.53(**)	.12	.08	.27	.27
消極実践		1.00	.69(**)	.07	.18	.18	.26
消極効力			1.00	.18	.22	.28	.30
消極困難				1.00	-.09	-.17	-.19
調和評価					1.00	.75(**)	.73(**)
指導評価						1.00	.87(**)
関係評価							1.00

指導観と同僚評価の相関（教職経験 31 年以上，n = 19）

	消極賛同	消極実践	消極効力	消極困難	調和評価	指導評価	関係評価
消極賛同	1.00	.33	.05	.40	-.15	-.12	-.02
消極実践		1.00	.67(**)	-.02	.24	.20	.23
消極効力			1.00	-.07	.46	.55(*)	.56(*)
消極困難				1.00	-.22	-.31	-.12
調和評価					1.00	.84(**)	.83(**)
指導評価						1.00	.95(**)
関係評価							1.00

＊消極的生徒指導を消極として短縮して表記　　　　　　　　　$*p < 0.5, **p < 0.1$

第4章

協働的な生徒指導体制における教師認識の検討
―小学校・中学校・高校における教師認識の差異に着目して―

要　旨

　本研究では、「生徒指導上の問題に対応するために、小学校・中学校・高校の教師間の連携が必要になっており、学校種の異なる教師同士が互いの認識の相違を理解しなければ効果的な連携はできない」という問題意識をもち、三つの学校種のそれぞれの教師認識と相違について明らかする必要があると考えた。学校種間連携の検討を目指して、小学校・中学校・高校という異なる学校種における「A生徒指導観・困難感（生徒指導・校内連携・校外連携）」「B同僚評価（調和評価・指導評価・関係評価）」「C組織評価（学習充実・協働性・情報共有・職場満足）」の教師認識の現状を検討することを目的としている。

　調査の結果、高校教師は小・中学校教師と比べて自分の教育活動の場を教科や学年など、同僚間の協働が必要な範囲が大きいと考えており、このため校内連携の困難度と同僚関係の評価が関連していることが認められた。同様なことは、校内連携の困難度と組織評価の評価認識にもいえた。同僚評価と職場の組織評価におけるすべての組合せで関連が見られた。同僚評価の得点が高い教師ほど、職場の生徒指導体制の評価を高く評価していた。

【キーワード】学校種間連携、教師認識、生徒指導観、同僚評価、組織評価

第1節　問題と目的

　近年、「開かれた学校づくり」をキーワードに、学校現場では、地域との連携、保護者との連携、など「連携」という言葉が盛んに活用されている。連携に関わる組織の実際について椎名（2000）は、①学習指導の連携、②生徒指導の連携、③文化活動の連携など複数挙げている。「なんのために連携していくか」によって、連携組織や連携内容の意味は異なる。本研究は、生徒指導上の問題行動が広域化し、指導上困難な状況がある（海老澤, 2000）ことに着目し、生徒指導上の問題行動への学校間連携、特に異なる学校種間（小学校・中学校・高校）の連携（榎本, 2000；角田, 2000）に関心をもっている。近年、小学校での生徒指導上の問題が数多く指摘されており、「小一プロブレム」「中一ギャップ」の問題への対応など学校段階を超えた連携が必要とされている（海老澤, 2000）。しかし、同じ問題行動を見ていても、学校種によって教師の問題認識に差異があることも、一方では指摘されている。田中（2006）は、同じ小学校5年生の行動を見ても、その見方が、小学校教師の場合「子どもだから、仕方がない」と捉えるが、中学校教師の場合、「小5になって、これでは困る」と問題認識が分かれていることを報告している。このような問題認識の差異を踏まえて生徒指導の連携を図るには、その根底にある生徒指導の認識の相違を相互に確認しておかなければ、連携の成果が期待できない。こ

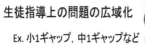

生徒指導上の問題の広域化

Ex. 小1ギャップ, 中1ギャップなど

学校段階を超えた連携が必要

(榎本、2000; 角田, 2000)

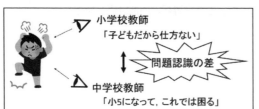

小学校教師
「子どもだから仕方ない」

問題認識の差

中学校教師
「小5になって, これでは困る」

れまでの議論では、生徒指導上の問題や学力の問題は、高校から中学へ、中学から小学校へと、上級学校が下級学校にクレームをつけることが多かった（伊藤, 2000）。小学校教師・中学校教師・高校教師、三者の生徒指導における実践認識（以下、生徒指導観）の現状を検討する必要がある。なお先行研究から生徒指導目標の賛同度・実践度・効力度は教師の使命感や役割期待から高得点傾向となり、困難度の教師認識において差異が見られる（瀬戸, 2006）。このことを参考に、指導の困難感の差異に着目した。

効果的な学校間連携の実現のためには
問題認識の差異を踏まえて連携する必要あり

小・中・高の教師の
実践認識（指導の困難感の差異に着目）
の現状を把握する必要

（伊藤、2000）

　生徒指導に関する研究は中学校・高校に数多く散見されるが、近年は小学校でも見られるようになった。小学校教師を調査した佐古（2005）は、7割の教師が「自分の経験や知識だけでは指導が困難な子どもが増えてきている」と回答、6割の教師の回答「教師同士が子どもの実態や課題をじっくり話し合ったり、とらえ直す機会や時間を確保することが難しい」を参考に「個業化が進展している」ことを懸念している。

自身の経験や
知識では指導困難

教師同士が話しあう
時間の確保が困難

協働性を発揮した生徒指導体制の構築が必要

（佐古、2000）

　このような個業化に教師が陥らないために、協働性を発揮した生徒指導体制の構築をすることの必要性は学校種を超えて共有されている。しかし、その在り様は、小・中・高校などの学校段階によって

小学校・中学校・高校により
生徒指導体制の有り様は異なる

生徒指導観の困難感認識と
日常的な同僚との協働性認識が
どのように関連し,
学校段階によってどのように異なっているのか

違いがある（生徒指導研究センター, 2006）。生徒指導観（生徒指導・校内連携・校外連携）の困難感認識と日常的な同僚との協働性認識はどのように関連し、学校段階によってどのように異なっているのか検討する必要がある。

　本研究での教師の協働性認識とは「生徒指導の実践において調整された行動をとることを、同僚教師との人間関係や規範の中で日常的に理解していること（瀬戸, 2006）」と考えている。同僚教師との日常的な関係や規範をどのように理解しているのかという解釈は多様な観点が想定されるが、ひとつの観点

多様な観点が想定されるが…

B:同僚教師の教育活動への評価の観点
（調和行動の評価・指導姿勢の評価・同僚関係の評価）

C:分掌の機能性や組織の共有度など組織評価の観点
（学習充実・協働性・情報共有・職場満足）

（永井, 1999；永井, 1981）
（瀬戸, 2006）

として、同僚教師の教育活動への評価の観点（調和行動の評価・指導姿勢の評価・同僚関係の評価）を参考にした（永井, 1977；永井, 1981）。あわせて従来から指摘されている所属校の組織における分掌の機能性や情報の共有度など組織評価（瀬戸, 2006）の側面（以下、組織評価）を参考にしている。

　本研究では、「生徒指導上の問題に対応するために、小学校・中学校・高校の間の連携が必要になっており、学校種の異なる教師同士が互いの認識の相違を理解しなければ効果的な連携はできない」という問題意識をもち、三つの学校種のそれぞれの教師認識と相違について明らかにする必要があると考えた。以上、学校種間連携の検討を目指して、小学校・中学校・高校という異なる学校種における「A生徒指導観・困難感（生徒指導・校内連携・校外連携）」「B同僚評価（調和評価・指導評価・関係評価)」「C組織評価（学習充実・協働性・情報共有・職場満足)」の教師認識の現状を検討することを目的としている。

＜学校種間連携の検討を目指すために＞

A:生徒指導観・困難感　（生徒指導・校内連携・校外連携）
B:同僚評価　　　　　　（調和評価・指導評価・関係評価）
C:組織評価　　　　　　（学習充実・協働性・情報共有・職場満足）

**異なる学校種における
A, B, C の教師認識の現状を把握すること**

第2節　調査方法

(1) 質問紙の作成（表1参照）

　本研究は、H県K市教育委員会においてアンケート協力の得られた小学校・中学校・高校の教師を対象に質問紙を作成した。「A生徒指導観（困難感）」は、文部省（1981）の「生徒指導の手引き」にある生徒指導には消極的目的と積極的目的の二つがあるという考えを参考（文部省, 1981）に前者は問題行動に対しての対症療法的な生徒指導であり、生徒集団の安全確保のための管理やきまりの遵守が必要となり、後者は人間らしい生き方を求める「自己指導能力」の育成を目指す生徒指導として区別した。前者を「Ⅰ消極的生徒指導」、後者を「Ⅱ積極的生徒指導」として犬塚（2002）の「生徒指導の形態分類」を参考にしている。また生徒指導体制の先行研究から、教師の指導イメージの共有、校内

消極的生徒指導　　　積極的生徒指導

問題行動に対する対症療法的な生徒指導　　「自己指導能力」の育成を目指す生徒指導

での教職員の協力関係（校内連携）、地域社会との協力関係（校外連携）が理論的な枠組として浮かび上がってくるので、「Ⅲ校内連携」・「Ⅳ校外連携」を付け加えている。

　「B同僚評価」認識を検討するために「低く評価する同僚の教育活動」（永井, 1981）、生徒指導における共同歩調（油布, 1990）などを参考に、「学年全体の調和を考えて生徒指導をしている」など同僚との調和行動の評価（以下、Ⅰ調和評価）、「新しい指導の仕方に意欲的である」など同僚の指導姿勢の評価（以下、Ⅱ指導評価）、「同僚の相談にのっている」など同僚との関係行動の評価（以下、Ⅲ関係評価）の3側面からなる同僚評価項目を設定した。

　「Ｃ組織評価」は教師の自由記述をもとに作成された質問項目を参考にした。「Ⅰ学習活動の充実」「Ⅱ職場満足」「Ⅲ協働性」「Ⅳ情報共有」の要因を設定した（瀬戸, 2006）。大学の教師と高校教師で質問内容や字句の表現を再度検討し採用した。本研究での生徒指導観・同僚評価・組織評価は限られた要因と質問項目で構成されている。

(2)　調査の概要

　調査時期：2005 年 6 月。質問項目の整理とアンケート調査：調査内容（表 1 参照）：「Ａ生徒指導観」の消極的生徒指導は、「生徒指導は、基本的生活習慣や日常的な生活について指導すべきである」など 4 項目である。積極的生徒指導は、「生徒指導は、児童生徒の人格の完成を目指すものである」など 3 項目である。校内連携は、「生徒指導は、教師全員で一致協力して指導すべきである」など 3 項目である。校外連携は、「生徒指導は、保護者との連携を図りながら実践すべきである」などの 3 項目である。「このような実践しているが困難を感じることがある」とそれぞれの困難の程度を 5 件法で尋ねた。回答は、5 とても当てはまる、4 少し当てはまる、3 どちらともいえない、2 あまり当てはまらない、1 全く当てはまらない、で回答を求め、その数字を選択するようにした。

　「Ｂ同僚評価」項目は 3 側面からなる、「同僚との調和行動の評価」は「（同僚教師の行動の望ましさについて）学年全体の調和を考えて生徒指導をしている」など 6 項目である。「同僚の指導姿勢の評価」は、「（同僚教師のあり方・姿勢の望ましさについて）新しい指導の仕方に意欲的である」などの 9 項目である。「同僚との関係行動の評価」は、「同僚教師の行動の望ましさについて」同僚の相談によくのっている」など 5 項目を設定した。回答は、5 とても当てはまる、4 少し当てはまる、3 どちらともいえない、2 あまり当てはまらない、1 全く当てはまらない、で回答を求め、その数字を選択するようにした。

　「Ｃ組織評価」（瀬戸, 2006）を参考に「学習活動の充実」「職場満足」「協働性」「情報共有」の 4 側面を設定した。「学習活動の充実」は、「所属校は学習

指導に熱心である」など6項目である。「職場満足」は、「私は、同僚と話していて楽しい」の6項目である。「協働性」は、「所属校は、校内研修が活発である」などの6項目である。「情報共有」は、「所属校では、校内のコミュニケーション（情報伝達）がスムーズである」など6項目、を設定した。組織評価項目についても、「所属校について」、5件法で回答を求め、その数字を選択するようにした。

　調査対象：H県のK市教育委員会では、平成14年度から、幼稚園、小・中学校、高校、各学校段階で教育評価を実施し公開している。生徒指導の分野では、生徒指導の方針の明確化・具体化、協働的な指導体制の確立、学校間や関係機関との連携を目指した校内組織確立が報告されている。複数の学校の情報交換による「生徒指導連絡協議会」など定期的な学校間の連携が図られている。異なる学校種の教師が一同に会した「ステップアップセミナー」は、毎年開催され一定の評価を得ている。生徒指導上の特別な問題行動は報告されていない。

第3節　　調査結果

　調査対象：教育委員会を通じて各学校種に各100部ずつ依頼（各学校種3～4校、合計300部）し、後に回収した（留め置き法）。有効な回答（回収率74.0%、小学校59、中学校78、高校85）を分析の対象にした。各尺度の構造とα係数を表に示す（表1参照）。

(1)　教師属性・学校属性とカテゴリー得点

　各尺度項目を要約して合成得点を算出する目的のため、各尺度の主成分分析を行った。主成分分析をした際、第1主成分の寄与が高く、かつ第2主成分の寄与が第1主成分より際立って小さく、かつ、第2主成分の寄与が1以下（あるいは1程度）であれば、1因子の可能性があると判断した。また、主成分得点は全項目の得点を使って各尺度の得点を定義するのに対して、尺度得点（項目の平均点）は該当項目の得点だけから算出できるので、より得点の意味が明

瞭であると判断し尺度得点を採用した。尺度得点の平均値の提示により学校現場の実践者が実践の差異を容易に比較検討し活用できることを考えている。

①生徒指導観の尺度得点

　生徒指導観の各項目を主成分分析した結果（因子得点 .40 以上が条件）、消極的生徒指導・困難 4 項目（寄与率 69.1％、a 係数 .85）、積極的生徒指導・困難 3 項目（寄与率 78.5％、a 係数 .86）、校内連携・困難 3 項目（寄与率 74.4％、a 係数 .83）、校外連携・困難 3 項目（寄与率 65.8％、a 係数 .74）、となりそれぞれ一因子性が確認された。各カテゴリーで質問項目の合計を項目数で除したものを同僚評価における消極・困難、積極困難、校内連携・困難、校外連携・困難の各得点とした（得点 1 〜 5）。

②同僚評価の尺度得点

　同僚評価の各項目を主成分分析した結果（因子得点 .40 以上が条件）、同僚との調和行動評価 6 項目（寄与率 55.1％、a 係数 .84）、同僚の指導姿勢評価 9 項目（寄与率 64.8％、a 係数 .85）、同僚との関係行動評価 5 項目（寄与率 50.7％、a 係数 .87）、となりそれぞれ一因子性が確認された。各カテゴリーで質問項目の合計を項目数で除したものを同僚評価における調和評価・指導評価・関係評価の各得点とした（得点 1 〜 5）。

③組織評価の尺度得点

　組織評価の各項目を主成分分析した結果、学習充実 6 項目（寄与率 35.1％、a 係数 .60）、職場満足 6 項目（寄与率 54.7％、a 係数 .83）、協働性 6 項目（寄与率 52.7％、a 係数 .79）、情報共有 6 項目（寄与率 64.3％、a 係数 .89）、となりそれぞれ一因子性が確認された。各カテゴリーで 6 質問項目の合計を 6 で除したものを学校組織評価における学習充実・職場満足・協働性・情報共有の各得点とした（得点 1 〜 5）。学習活動の充実の寄与率 a 係数が低かったが、これは、「生徒指導が少ない」「学校にゆとりがある」など個別学校の状況により差異があ

り、回答の幅が広くなったことが考えられる。

（2）個人属性・学校属性と各得点の相関関係と平均値の比較
―相関係数（r ＞ .20）を基準として相関関係を判断―

　生徒指導観の4要因と個人属性・学校属性の相関は認めらなかった。同じく、同僚評価の3要因と個人属性・学校属性の相関は認められなかった。各属性の平均値を比較した結果と相関（r ＞ .20）が認められた組織評価の各要因は、以下のようになる。相関が認められたものの平均値も比較した。

　（ア）個人属性については、各属性をそれぞれ多重比較した（Tukey法）。性別と学校種で、平均値を比較した結果（F = 8.139、p ＜ .001）、中学教師よりも高校教師のほうが男性の比率が高かった。教職経験と職種で、平均値を比較した結果（F = 831.489、p ＜ .001）、管理職を務める教師は教職経験が長くなった。教職経験と情報共有（r = .209）で、平均値を比較した結果（F = 2.449、p ＜ .05）、31年以上の教職経験教師の情報共有度は教職経験5～10年の教師より高かった。職名と職場満足で、平均値を比較した結果（F = 4.993、p ＜ .01）、管理職の職場満足度が教師よりも高かった。

　（イ）学校属性については、学校種と学習充実で、平均値を比較した結果（F = 8.333、p ＜ .001）、小学校教師＜中学校教師＜高校教師、となった。学校段階が上がるにつれ、所属校としてみた学習活動の充実度が高くなる。児童生徒数と情報共有度（r = -.226）で、平均値を比較した結果（F = 3.291、p ＜ .01）、児童生徒数（101人～200人、401～500人）が小規模・中規模クラスの学校が児童生徒数（501～1000人）が大規模校の学校より、教員数が少ないことにより情報共有度が高かった可能性がある。

(3) 学校種ごとの各得点の相関関係
―相関係数（r＞.20）を基準として相関関係を判断―

①小学校教師と各要因（表 2 参照）
　（ア）生徒指導観と同僚評価。相関は見られなかった（12 組中 0 組）。（イ）生徒指導観と組織評価。弱い相関（r＞.20）が見られたのは積極・困難と協働性（r = -.296）、中程度の相関が見られたのは校内連携・困難と協働性（r = -.407）、弱い相関が見られたのは校外連携・困難と協働性（r = -.248）であった（16 組中 3 組）。（ウ）同僚評価と組織評価。12 組の組合せ中、4 組の組合せに弱い相関がある（12 組中 4 組）。

②中学校教師と各要因（表 3 参照）
　（ア）生徒指導観と同僚評価。弱い相関が見られたのは校内連携・困難と関係評価（r = -.272）、の 1 要因であった（12 組中 1 組）。（イ）生徒指導観と組織評価。弱い相関が見られたのは、積極・困難と学習充実（r = -.234）、校内連携・困難と学習充実（r = -.323）、校内連携・困難と職場満足（r = -.259）、校内連携・困難と協働性（r = -.327）、校内連携・困難と情報共有（r = -.339）、であった（16 組中 5 組）。（ウ）同僚評価と組織評価。12 組の組合せ中、弱い相関 2 組、中程度の相関 9 組がある（12 組中 11 組）。

③高校教師と各要因（表 4 参照）
　（ア）生徒指導観と同僚評価。弱い相関が見られたのは消極・困難と調和評価（r = -.268）、校外連携・困難と調和評価（r = -.221）、校外連携・困難と指導評価（r = -.226）、の 3 要因であった（12 組中 3 組）。（イ）生徒指導観と組織評価。弱い相関が見られたのは、消極・困難と職場満足（r = -.322）、同じく協働性（r = -.323）、同じく情報共有（r = -.310）、校内連携・困難と学習充実（r = -.362）、同じく職場満足（r = -.257）、校外連携と学習充実（r = -.398）、同じく職場満足（r = -.261）であった。中程度の相関がみられたのは消極・困

難と学習充実（r = -.566）、積極・困難と学習充実（r = -.469）、であった（16組中9組）。（ウ）同僚評価と組織評価。12組の組合せ中、弱い相関9組、中程度の相関3組がある（12組中12組）。

④学校種ごとの生徒指導観・困難感と関連する同僚評価・組織評価の要因数

（　）内に生徒指導観・困難感と関連する要因の数を示す。小学校では、同僚評価（要因なし）・組織評価（2要因）の要因数は少なかった。中学校では、同僚評価（1要因）・組織評価（5要因）、高校では同僚評価（3要因）・組織評価（9要因）となった。学校段階が上がるほど関連する要因数は増える傾向にあった。

第4節　考察

本研究では、「生徒指導上の問題に対応するために、小学校・中学校・高校の間の連携が必要になっており、学校種の異なる教師同士が互いの認識の相違を理解しなければ効果的な連携はできない」という問題意識をもち、三つの学校種のそれぞれの教師認識と相違について明らかにした。

(1) 小学校教師

検討の結果、小学校教師の生徒指導観（困難感）の4要因は同僚評価（3要因・12組合せ中で0組）と関連がなかった。長谷川（2003）によれば、小学校教師にとって同僚との関係で第一に重要なことは、「自分の学級活動の裁量を侵さないでいてくれること」であり、言い換えれば「同僚教師の裁量も侵さな

いでいる」という暗黙の了解が存在する。このような同僚との距離感をもった関係性の認識の結果、同僚との相互評価関係を示す同僚評価は生徒指導観（困難感）と関連がなかったものと考えられる。しかし、組織要因（4 要因・16 組合せ中で 2 組）としての職場全体の協働性認識においては生徒指導観の一部に関連があり、積極的生徒指導の困難認識が高い教師ほど職場の協働性を低く評価しており、同様に校内連携の困難認識が高い教師ほど職場の協働性を低く評価していた。日常的な職場の協働性を高く認識すれば、教師の生徒指導の困難感が低くなることがうかがわれた。また同僚評価と組織評価（12 組中の 4 組が相関）の関連を見ると、小学校教師は同僚への調和評価と職場の組織評価の認識と別々に捉えている傾向があり、一方で同僚への指導評価の認識が高い教師は職場全体の学習充実・職場満足・情報共有を高く評価している。

(2) 中学校教師

　中学校の教師の生徒指導観（困難感）の 4 要因は、同僚評価（3 要因・12 組合せ中で 1 組）・組織評価（4 要因・16 組合せ中で 5 組）とそれぞれ関連が認められた。長谷川（2003）によれば、中学校教師は自分の教育活動の場が担任クラスだけではないので、小学校教師と比べて同僚間の協働が必要な範囲が大きいと認識している。このため校内連携の困難度と同僚関係の評価が関連している可

能性があり、実際に校内連携
の困難度と同僚との関係評価
に関連があった。同様なこと
は、校内連携の困難度と職場
の組織評価の全要因にもいえ
た。また同僚評価と組織評価
も、指導評価と学習充実以外、
すべての組合せで関連が見ら
れた。同僚評価の得点が高い
教師ほど、職場の組織評価を
高く評価している。協働性の
発揮というスローガンの背景
には、同僚教師への厳しい評
価の眼差しとともに職場の雰
囲気をどのように捉えている
のかという認識があり、それ
らは相互に関連している。

結果と考察　中学校教師

A：校内連携(困難感)　←相関あり→　B：関係評価

小学校教師に比べて、
同僚間の協働が必要な範囲が大きい。

結果と考察　中学校教師

B：同僚評価　←相関あり→　C：組織評価

同僚評価の得点が高い教師ほど、
職場の組織評価を高く評価。

(3) 高校教師

　小・中学校教師と比べて、
高校の教師の生徒指導観（4
要因）は、同僚評価（3要因・
12組合せ中で3組）・組織評
価（4要因・16組合せ中で9
組）のそれぞれで関連が数多
く認められた。高校教師は
小・中学校教師と比べて自分
の教育活動の場を教科や学年

結果と考察　高校教師

A：校内連携(困難感)　←相関あり→　B：関係評価

小・中学校教師に比べて、
同僚間の協働が必要な範囲が大きい。

など、同僚間の協働が必要な範囲が大きいと考えており、このため校内連携の困難度と同僚関係の評価が関連している可能性がある。同様なことは、校内連携の困難度と組織評価の評価認識にもいえる。

同僚評価と職場の組織評価におけるすべての組合せで関連が見られた。同僚評価の得点が高い教師ほど、職場の組織評価を高く評価している。中学校教師と同じように、協働性の発揮というスローガンの背景には、同僚教師への厳しい評価の眼差しの一方、職場の雰囲気をどのように捉えているのかという認識が認められた。それらの関連性は小・中学校の教師と比べて高くなることが明らかになった。

　以上、学校種の違いによる教師認識の現状が明らかになった。「中学校教師においては、管理職と関係を含めて、仕事に直接関わる公的な関係としての同僚関係の良し悪しが、重要な事柄として捉えられている。小学校教師の場合は、同僚が自分の学級における教育活動の裁量を犯さないで欲しいという点への関心は強いが、それ以外の点では中学校教員に比べれば、あまり同僚間関係の良し悪しは重視されていないこと」という教師文化（長谷川, 2003）の違いが回答結果に表出している可能性がある。小学校教師にとって同僚教師との関係で第一に重要なことは、「自分の学級活動の裁量を侵さないこと」「同僚教師の裁量も侵さないでいること」であり、このような認識は他の学校種の教師と連

携を模索する際の阻害要因と
なる可能性がある。小学校の
学級担任制と中学・高校の教
科担任制というシステムの違
い（児島, 2006）がどのように
影響しているのか、今後検討
する必要がある。

	小学校	中学校	高校
生徒指導観(困難感)との関連			強
同僚教師への眼差し			強

学校段階が上がるほど生徒指導観(困難感)との関連や
同僚教師への眼差しが強くなる。

　また学校種別の協働性認識においてどのような要因が影響しているのであろ
うか。本研究においては、学校段階が上がるほど生徒指導観（困難感）との関
連が強くなることが認められた。一方で、同僚教師への評価の眼差しも強くな

ることが認められた。学校種
別の協働性認識についての先
行研究は少ないが、伊藤
（1994）は、次のような報告
をしている。いずれも 6 段階
評価における平均値である。
学校の雰囲気が家庭的で教師

「教師間の協調性」
小学校教師(4.07) 中学校教師(4.01) 高校教師(3.79)
(伊藤、1994)

高校教師は同僚教師との相互評価を重視
同僚からの評価を過度に懸念している

全員が密接な関係にあるかどうかを尋ねた「教師間の協調性」では、小学校教
師（4.07）、中学校教師（4.01）、高校教師（3.79）、と高校の教師の得点が一番低
かった。本研究の結果から、高校教師は同僚教師との相互評価を重視しており、
言い換えれば同僚教師からの評価を過度に懸念している。その結果として教師
間の協調性は他の学校種と比べて相対的に低く評価している可能性がある。三
島・上地（2003）も、学校種間の比較をし、「職員間のコミュニケーション（小
3.36：中 3.40：高 3.06）」の得点は、小学校・中学校に比べて高校が有意に低く
なることを報告している。しかし、高校には個別学校に特有な学校文化があり、
進学校や指導困難校など学校間格差も大きく、教職員数という学校規模の差異
も少なからず影響している可能性がある。今後検討する必要がある。
　研究上の課題として本研究は、H 県の K 教育委員会の協力を得て、調査を依

①システムの違いの影響
　（小学校一学級担任制　中学校・高校一教科担任制）

②高校には個別で特有な学校文化
　（学校間格差　学校規模の差異）

③調査方法の改善
　（サンプル数の少なさ　インタビュー調査等の質的研究）

頼した。調査対象は、同一地域の異なる学校種の教師であるが、研究上の課題としては、サンプル数が少ないという点が課題になる。また、高校の学校間格差や地域の特性（八並, 1994；八並, 1996）など一般化するには限界がある。今後、インタビュー調査など質的研究もあわせて行う必要がある。

[引用文献]

海老澤孝夫　2000　校内暴力の抑止に連携をどう生かすか　高倉翔（監修）尾木和英（編集）「No.6 自主・自律を支える新しい連携づくり」教育開発研究所　pp.146-148.

榎本和男　2000　近隣学校との連携をどう進めるか　高倉翔（監修）尾木和英（編集）「No.6 自主・自律を支える新しい連携づくり」教育開発研究所　pp.180-183.

長谷川裕　2003　教員文化を掴むために―教員本調査データの分析から―　久冨善之（編）「教員文化の日本的特性」多賀出版　pp.168-207.

犬塚文雄　2002　生徒指導の機能統合に関する一試論―「臨床生徒指導」の視点から―　生徒指導学研究　第 1 巻　p.11.

伊藤勝博　2000　教頭は新しい連携をどう進めればよいか　高倉翔（監修）尾木和英（編集）「No.6 自主・自律を支える新しい連携づくり」教育開発研究所　pp.36-39.

角田元良　2000　近隣学校との連携がなぜ重要なのか　高倉翔（監修）尾木和英（編集）「No.6 自主・自律を支える新しい連携づくり」教育開発研究所　pp.176-179.

児島邦宏　2006　小学校における新たな教育課題とは何か　高階玲治（編）「小学校教科担任制の効果的な進め方」教育開発研究所　pp.14-17.

三島浩路・上地安昭　2003　学校の危機に影響を与える要因に関する研究　カウンセリング研究　第 36 巻第 1 号　20-30.

永井聖二　1977　日本の教員文化―教員の職業的社会化研究（Ⅰ）―　教育社会学研究　第 32 号　pp.93-103.

永井聖二　1981　現代の教員社会と教員文化　石戸谷哲夫・門脇厚司（編）「日本教員社会史研究」亜紀書房　pp.577-618.

佐古秀一　2005　学校の組織とマネジメント改革の動向と課題　日本教育行政学年報　第 31 号　pp.51-67.

瀬戸健一　2006　消極的生徒指導と積極的生徒指導の検討の試み―生徒指導連絡協議会に参加した教師の認識に着目して―　学校心理学研究　第 6 号第 1 巻　pp.53-65.

瀬戸健一　2006　協働性にもとづく学校カウンセリングの構築―学校における学校組織特性

　　に着目して― 風間書房　pp.26-30.

椎名仁　2000　新しい連携づくりに生きる広報活動とはどのようなものか　高倉翔（監修）
　　尾木和英（編集）「No.6自主・自律を支える新しい連携づくり」教育開発研究所　pp.28-
　　31.

田中統治　2006　小・中学校連携教育と教科担任制　高階玲治（編）「小学校教科担任制の
　　効果的な進め方」教育開発研究所　pp.30-33.

栃木県教育委員会　2007　栃木県における学校評価―信頼される「開かれた学校」づくりを
　　目指して― 教育委員会月報　1月号　第一法規　pp.63-72

八並光俊　1994　生徒指導における学校組織評価の分析　片岡徳雄（編）「現代学校教育の
　　社会学」福村出版　pp.108-121.

八並光俊　1996　公立中学校における生徒指導体制と生徒指導機能の学校規模別分析　兵庫
　　教育大学研究紀要　pp.93-103.

資料

表1　各質問項目の構造

A 生徒指導観（困難感）	Ⅰ　消極的生徒指導の困難感	「生徒指導は基本的生活習慣や日常的な生活について指導すべきである」「生徒指導は遅刻や校則の指導をすべきである」「生徒指導は反社会的な問題傾向がある児童生徒への指導をすべきである」「生徒指導はいじめ問題・不登校問題への対応をすべきである」（このような実践しているが困難を感じることがある）。以上4項目、a係数 = 0.85
	Ⅱ　積極的生徒指導の困難感	「生徒指導は児童生徒の人格の完成を目指すものである」「生徒指導は児童生徒の自己指導能力の育成を目指すものである」「生徒指導は児童生徒の好ましい人間関係を育てることである」（このような実践しているが困難を感じることがある）。以上3項目、a係数 = 0.86
	Ⅲ　校内連携の困難感	「生徒指導は教師全員で一致協力して指導すべきである」「生徒指導は教師全員が共通した指導をすべきである」「生徒指導は教育の領域ではなく教師全員が行うすべての教育活動での機能である」（このような実践しているが困難を感じることがある）。以上3項目、a係数 = 0.83
	Ⅳ　校外連携の困難感	「生徒指導は保護者との連携を図りながら実践すべきである」「生徒指導は地域との連携を図りながら実践すべきである」「生徒指導は専門機関との連携を図りながら実践すべきである」（このような実践しているが困難を感じることがある）。以上3項目、a係数 = 0.74

B 同僚評価	Ⅰ　同僚との調和行動の評価	（同僚教師の行動の望ましさについて）学年全体の調和を考えて生徒指導をしている。学校全体の調和を考えて生徒指導をしている。生徒指導のあり方で周りと歩調を合わせている。教科指導の仕方で周りと歩調をあわせている。生徒との接し方で周りと歩調を合わせている。学級経営のあり方で周りと歩調を合わせている。以上6項目、a係数 = 0.84

| | II | 同僚の指導姿勢の評価 | （同僚教師のあり方・姿勢の望ましさについて）新しい指導の仕方に意欲的である。研修に熱心である。児童生徒の要望に耳を傾けている。授業に熱心である。児童生徒から好かれている。授業の進め方が上手である。児童生徒にきまりを守らせることができる。教科の専門知識が豊かである。部活動、クラブ活動などに熱心である。以上 9 項目、a 係数 = 0.85 |
| | III | 同僚との関係行動の評価 | （同僚教師の行動の望ましさについて）同僚の相談によくのっている。同僚とコミュニケーションがとれる。自分の主張をはっきり述べる。共通理解に基づいた連携ができる。同僚に親しまれている。以上 5 項目、a 係数 = 0.87 |

C 組織評価	I	学習活動の充実	所属校は学習指導に熱心である。所属校は、進路指導に熱心である。所属校は、学校行事が盛んである。所属校は、学校行事が盛んである。所属校は、学校生活全体にゆとりがある。所属校は、校則指導に熱心である。所属校は、生徒指導が少ない。以上 6 項目、a 係数 = 0.60
	II	満足度	私は、同僚と話していて楽しい。私は、この学校で長く勤めたい。私は教師という仕事にやりがいを感じる。私は、勤務校で充実感がある。私は職場にくつろげる場所がある。私は、生徒に愛着を感じる。以上 6 項目、a 係数 = 0.83
	III	協働性	所属校は、校内研修が活発である。所属校は、職員の協力体制がある。所属校は、分掌が機能的に活動している。所属校は、例外的な行事・研究会の当番校によくあたる。所属校は、管理職の指導力が発揮されている。所属校は、管理職の理解がある。以上 6 項目、a 係数 = 0.79
	IV	情報共有	所属校では、校内のコミュニケーション（情報伝達）がスムーズである。所属校では、他校の教職員との交流が盛んである。所属校では、仕事に必要な情報を集めやすい。所属校では、仕事の決定のプロセスが良く伝わってくる。所属校では、他部門（学年・分掌・教科等）との連絡調整がされている。所属校では、仕事の指示・報告のルートがはっきりとしている。以上 6 項目、a 係数 = 0.89

表 2　生徒指導観（困難感）と同僚評価・組織評価の相関関係（小学校教師の認識）

	消極困難	積極困難	校内連携・困難	校外連携・困難	調和評価	指導評価	関係評価	学習充実	職場満足	協働性	情報共有
消極困難	1	.646(**)	.679 (**)	.662(**)	-0.007	0.058	0.080	-0.141	-0.194	-0.148	0.126
積極困難		1	.753(**)	.644(**)	-0.065	0.073	0.111	-0.002	-0.001	-.296(*)	0.019
校内連携・困難			1	.591(**)	-0.021	0.040	0.151	-0.170	-0.126	-.407(**)	-0.134
校外連携・困難				1	-0.173	0.020	0.113	-0.020	-0.061	-0.248	0.008
調和評価					1	.517(**)	.584(**)	0.121	0.083	0.068	0.19
指導評価						1	.728(**)	.347(*)	.288(*)	0.025	.347(*)
関係評価							1	.353(*)	0.224	-0.037	0.238
学習充実								1	.388(**)	0.133	.372(**)
職場満足									1	0.26	.609(**)
協働性										1	.502(**)
情報共有											1

＊p＜.05　＊＊p＜.01

＊消極的生徒指導を消極、積極的生徒指導を積極として、それぞれ短縮して表記

表3 生徒指導観（困難感）と同僚評価・組織評価の相関関係（中学校教師の認識）

	消極困難	積極困難	校内連携・困難	校外連携・困難	調和評価	指導評価	関係評価	学習充実	職場満足	協働性	情報共有
消極困難	1	.421(**)	.328(**)	.537(**)	0.004	0.087	0.106	-0.028	-0.172	0.061	0.099
積極困難		1	.776(**)	.515(**)	0.027	-0.072	-0.102	-.234(*)	-0.146	-0.182	-0.180
校内連携・困難			1	.497(**)	-0.144	-0.138	-.272(*)	-.323(**)	-.259(*)	-.327(**)	-.339(**)
校外連携・困難				1	0.191	0.128	0.131	0.001	-0.042	0.062	0.098
調和評価					1	.622(**)	.699(**)	.233(*)	.422(**)	.525(**)	.476(**)
指導評価						1	.855(**)	0.151	.433(**)	.481(**)	.450(**)
関係評価							1	.298(**)	.546(**)	.614(**)	.604(**)
学習充実								1	.378(**)	.647(**)	.655(**)
職場満足									1	.704(**)	.596(**)
協働性										1	.824(**)
情報共有											1

＊消極的生徒指導を消極、積極的生徒指導を積極として、それぞれ短縮して表記

＊ p ＜ .05　＊＊ p ＜ .01

表4　生徒指導観（困難感）と同僚評価・組織評価の相関関係（高校教師の認識）

	消極困難	積極困難	校内連携・困難	校外連携・困難	調和評価	指導評価	関係評価	学習充実	職場満足	協働性	情報共有
消極困難	1	.673(**)	.613(**)	.590(**)	-.268(*)	-0.150	-0.153	-.566(**)	-.322(**)	-.323(**)	-.310(**)
積極困難		1	.673(**)	.656(**)	-0.16	-0.056	-0.004	-.469(**)	-0.180	-0.131	-0.094
校内連携・困難			1	.658(**)	-0.177	-0.065	-0.11	-.362(**)	-.257(*)	-0.163	-0.215
校外連携・困難				1	-.221(*)	-.226(*)	-0.108	-.398(**)	-.261(*)	-0.201	-0.089
調和評価					1	.542(**)	.583(**)	.505(**)	.292(**)	.319(**)	.439(**)
指導評価						1	.795(**)	.367(**)	.381(**)	.295(**)	.341(**)
関係評価							1	.277(*)	.401(**)	.300(**)	.347(**)
学習充実								1	.547(**)	.645(**)	.567(**)
職場満足									1	.620(**)	.619(**)
協働性										1	.725(**)
情報共有											1

＊消極的生徒指導を消極、積極的生徒指導を積極として、それぞれ短縮して表記

$*p < .05$　$**p < .01$

第5章

生徒指導のモデル発想法

要 旨

　第1章の土台になったのは、教職大学院での講義実践である。筆者は、実践者の省察（せいさつ）プロセスを重視してきた。その省察プロセスをサポートするのが、身近なモデルによる発想である（以下、モデルによる説明をモデル発想法と呼ぶことにする）。モデル発想法とは「問題とする事象を単純化し、関係する要素を構造化したもの」である。第1章で挙げた17の生徒指導モデルが、本書の出発点となっている。読者の皆様が描いた生徒指導モデルや教育相談モデルなどに、何が描かれているのであろうか。描かれたモデルのなかに秘められたコンセプトやメッセージを、一度、確かめてみるのが、本章のメッセージである。

【キーワード】指導イメージの明確化、生徒指導観、教育観

第1節　教職大学院・院生の作成したモデルの紹介

1　発電機モデル（小学教師）―子どもの勇気づけを支える教師のスタンス―

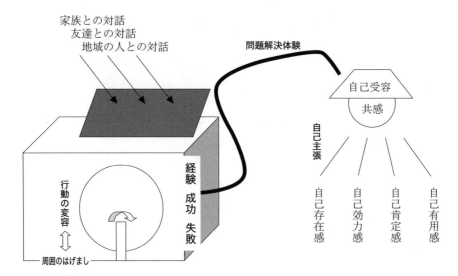

＊メンテナンス担当…教師＆スクールカウンセラー

図1　発電機モデル

「学生自身のモデル解説」

　このモデルは、教室で気になる不安感の強い子へ、教師がどんなスタンスで接したらよいかをイメージする際に活用したいものとして考案した。名付けて、「発電機モデル」だ。この発電機が表しているのは、子どもの心のエネルギーを蓄えるタンクのようなものである。発電機は、蓄えた電力を放出することにより、電球をともすことができる。電球をともすイメージが、他者とのつながりが見えるということを表している。子どもの心の内には、動き出したい欲求が必ずあると私は考える。不安を訴え、うつむいて身体を硬くし、仲間から距

離をとろうとする行動が表出したとしても、心の動きが止まってしまうことはないと考える。自ら持っているものをどう動かすか、動かして良い時はいつなのか、…そんな戸惑いがあって、心の発電機を動かせずにいるのではないかと思う。

　発電機の蓄電のためには、動力が必要である。この発電機は、まず動き出すきっかけとして他者からの働きかけを必要とし、動き出していくと次第に自らの動力で動こうとしていくしくみを持つ。そのはじめの動力が、教師やスクールカウンセラーらの励ましだと考える。「本当によく人のことを見ているんだね」「気持ちをわかろうとするやさしさが、あなたの宝物だね」といった、その子の内に持っているリソースを言葉として語りかけていく関わりが、この発電機を回し始める動力となっていくだろう。はじめは、ぎくしゃくしながら動き出していくかもしれないが、だんだん動くリズムができあがって、回転が安定していく。ここでは、教室で過ごしているという経験そのものや、「あっ、うまくできた！」とか「なんかよくわからないな…」「失敗した…」という感情がたくわえられていることを、本人が意識していく営みが安定した行動の変容の基盤となってくる。その子を支える家族・友達・地域の方も含め、その子への語りかけや対話があたたかく降り注ぐことによって、持続的な行動がその子の内なる欲求としてより確かなものとして表れてくるだろう。あたたかく降り注ぐ対話を受け止めるのが、このモデルのソーラーパネルである。

　蓄えた心のエネルギーを自分が輝く行動へと活用していく営みが、その子自身が受け止める成長の実感だと考える。「輝く」とは、自分のあるがままを受け止め、自分の持っているものを存分に発揮しようとする主体的な行動のことを言う。つまり、自己受容した子どもの姿である。「失敗したらどうしよう」「うまくいかないと、はずかしい」「他の人はできるのに、自分だけはできない」といった気持ちを乗り越えていった姿だと考える。自己受容へと向かっていくためには、問題解決体験が重要だ。日頃の学びの中や友達との関わりの中で、直面する課題としっかり向き合い、どんな解決方法があるだろうかと「ああでもない、こうでもない」と試行錯誤する体験を重ねていく中で、あるがま

まを受け止める力が磨かれていくのだと思う。また、自分だけで解決できない
ことがあるという現実や、仲間との共同作業や協力・助け合いの中で問題が解
決されていくうれしさや安心感を体験することで、子どもの心がひらかれてい
くのではないだろうか。おずおずとした歩みであったとしても、自ら蓄えたエ
ネルギーを使いながら、輝く自分へと向かっている姿を、しっかりと見守りた
いと思う。

　「輝き」は、その時々で、明るさの度合いが異なってかまわない。輝きは、
その子ならではの表現活動であり、自己主張である。自分の輝きで、見えてく
る世界は、子ども自身を確実に勇気づけるだろう。見えてきた世界にいる他者
への気づきが「共感」を育み、自尊感情を高めていくことにつながっていくと
考える。

2　学校洗濯機モデル（高校教師）

(1)　生徒指導「学校洗濯機モデル」の概略（作者のコメント）

　高校に入学してきた生徒を、教師の指導によって成長させていくモデル。

　指導はまず、生徒理解から始まり、個々の生徒に適した方法（時にはやさし
く、時には厳しく）で指導すれば、指導の効果が上がる。そして、生徒は成長
し卒業していく。もし、間違った生徒理解をすれば、指導方法も間違ってしま
う可能性がある。その生徒は成長できずに高校を卒業（中退）してしまう。そ
の生徒（衣類）にあった指導（洗剤の種類・洗濯のコースなど）によって、生徒
は成長し（衣類はきれいになり）、社会・地域に帰っていく。

　具体例①高校を中途退学する＝洗濯途中で、衣類を洗濯機から出してしまう。
（洗濯機）まだ十分に洗濯、脱水されていないので、乾燥しにくく洗剤も付い
たまま。（学校）中退した生徒は、高校において十分な指導がされなかったた
め、入学時よりも精神的に不安定な状態で社会や地域に出てしまう。中退し
た生徒は、社会や地域の厳しい現実の壁に、なかなか成長（乾燥）できないで
もがく。

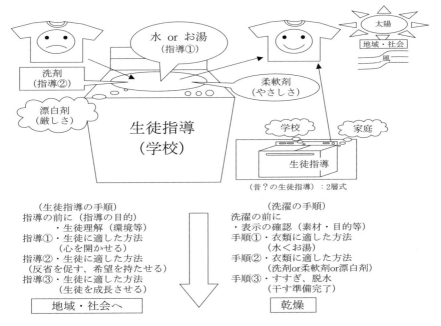

図2 学校洗濯機モデル

具体例②高校にて十分成長できなかった＝洗濯方法を間違えて衣類が縮んでしまった。（洗濯機）最初に衣類の表示を確認せずに、いつものとおり洗濯してしまったので、衣類が縮んでしまった。（学校）最初に生徒理解を十分にせずに、指導をしてしまったので、生徒が十分成長できなかった。

(2) 生徒指導「学校洗濯機モデル」について（作者のコメント）

教師に支持された理論であるか。「高校は義務教育ではない。義務教育ではないので、やる気がなければ中退すればよい」これは、高校教師がよく言う言葉である。しかし、中退した多くの生徒は社会の現実の壁にぶつかってしまう。そこで始めて中退したことを後悔する。このような事実を高校教師は知っている。そうであるならば、生徒を中退させないために何かをしなければならない。この理論は、教師に支持されるはずである。またこの理論は、「教師に活用さ

れた理論」であり、「ロードマップ」そして、「毛布」となり得る理論である。
自画自賛ではあるが。

第2節　大学院生（臨床心理学）の作成したモデルの紹介

　本節では実践者の豊かな実践知の積み重ねる過程において、独特な比喩を用
いていることに着目した。このような比喩モデルによる説明が「実践知と理論
知の融合プロセス」として不可欠な構成要素になるのではないかと考えてみた。
臨床系の大学院生の作成した学校カウンセリングモデルを紹介したい。以下は、
集中講義でお世話になっている大学院での授業の中のレポートである。臨床心
理学を専攻する院生の作成したモデルである。モデルの基本には、外部カウン
セラーとして派遣された院生が教師とどう連携するのかが描かれている。学校
現場の抱える問題とともに、外部カウンセラーと教師の連携プロセスの難しさ
が問題意識にある。

「大学院生（臨床心理学）の作成した学校カウンセリングモデル」

1　フラワーモデル　支援の花を咲かす情報の共有

　ここで提案されたフラワーモデルとは、学校カウンセリングの支援対象者が、
家庭・教師・生徒と支援として提示されている。学校環境の整備をするために
は、関係者の情報共有が大事であり、カウンセラーは「隠れた問題」として情
報を掘り起こすことが重要な役割であることが伝わってくる。対象者という花
びらを支えるのが情報共有という茎である。同じく、地中の栄養素や水分と同
じように欠かせないものが情報であり、校内の多様な情報源から収集するカウ
ンセラーの技法がイメージされている。

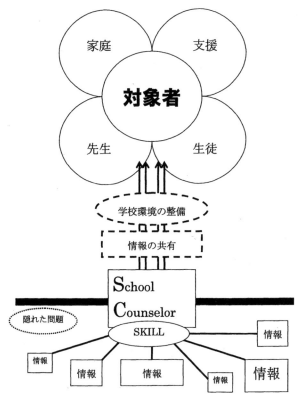

図3　フラワーモデル　情報の共有がポイント

2　時計モデル　カウンセラーのこまめな調整力

　提案されたモデルは、刻一刻と時を刻む「時計の針」のような役割をカウンセラーの業務としてイメージしている。外円部は、地域・社会制度・時代とおおまかな領域になり、中円部は学校全体・親・専門家などの領域からなる。内円部は、担任の先生・特別支援の先生・家族・クラスメイトなど具体化した対象者となり、これらの対象者とのこまめな調整力が必要になる。この比喩モデルからは、カウンセラーの業務は、連携力・調整力であることが浮かび上がってくる。

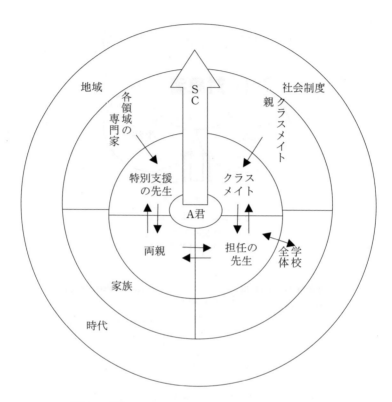

図4　時計モデル　カウンセラーのこまめな調整力

第3節　モデル発想法の理論的背景　実践者の比喩的表現

　筆者は、優れた実践者の比喩的な表現の可能性に注目してきた。前節にみる比喩的な説明モデルは、可視化可能なモデルとしても貴重である。大学院生の発想したモデルは、非常にユニークであり、そのなかに、強いメッセージが込められている。一方で、学校現場を冷静に分析した結果でもある。本節では、教師の実践知と理論知をつなぐものとして比喩の存在に着目してきたが、ここでモデル発想法の理論的背景として、先行研究を紹介したい。

　山梨（1988）は、ある種の抽象概念を理解していく場合には、他の対象の構造のもつ様々な相を介して、言いかえれば、他の具体的な対象のもつ属性のある側面のたとえを通してはじめて把握することが可能になると述べている。一例として、理論という概念を、具体的な「建物の構造」の様々な側面の見立てを通して理解されることを説明している。そういう意味で、比喩は欠かせない存在である。

　実践の現場ではいろいろな比喩が用いられており、それらの一部について整理したものを紹介する。一例として、状況の変化を表す比喩的表現の例についてシャイン（2002）は、Marshak（1993）の変化を表す比喩的表現を推敲し改訂し下記のように説明している。

　それらは、大まかに4つの分類になり、①物理・化学的比喩（固定、再建）、機械の比喩は「問題を固定する、再設計」、移動の比喩は「新しい場所へ移行する、方向転換」、建設の比喩は「何か新しいものを建設する、再構築」、化学の比喩は、「触媒を作用させる、混ぜる、化合する、結晶化させる」、②生物・医学的比喩（治療及び成長）、農業の比喩は「成長、再生、実を結ぶ、収穫」、医学の比喩は「治療、予防接種、切断、切開」、③心理・精神的比喩、心理的比喩は「洞察を提供、精神モデルの変更」、精神的比喩は「改心、開放、創造、変容」、④社会学的比喩（再編成、再組織）、役割、規範の変更、文化の変更、である。

　優れた実践者の比喩的な表現、その可能性は大きい。

第4節　生徒指導観についてのモデルの作り方、ワークシート

「実践の中の理論」とは何か、ワークシートを活用して、各自の開発した実践モデルから探るプロセスである。是非、簡単なワークシートではあるが、活用していただきたい。

＜キーワード＞

　　　　モデル発想法の4ステップ

　　　　ステップ1　言葉の選択

　　　　ステップ2　コンセプトと概略

　　　　ステップ3　図（モデル）の作成

　　　　ステップ4　評価

ステップ1　言葉の選択

例）自らの生徒指導観、教育観に関わる用語の選択 etc

ステップ2　コンセプトと概略

◈ ステップ1を参考に、モデル図の発想や観点などを記入 ◈

ステップ3 図（モデル）

モデル図のタイトル

ステップ4　評価

◈　モデル図を評価してもらいましょう　◈

	教師 A	教師 B	教師 C
①支持している理論か			
②活用している理論か			
③道路地図のように実践者をナビする理論か			
④実践者を温かく包みこむ毛布のような理論か ※実践者としてやる気がでるか			

◆ モデル図作成を振り返りましょう（自己評価）◆

①支持している理論か	
②活用している理論か	
③道路地図のように実践者をナビする理論か	
④実践者を温かく包みこむ毛布のような理論か ※実践者としてやる気がでるか	

第6章

生徒指導体制の総合的な研究1
「教師ビリーフ」と「指導の悩み」・
「悩みのサポート」・「組織評価」の関連

要　旨

　本研究では、生徒指導の問題対応に着目し、「A（生徒指導における）教師ビリーフ」の認識を出発点として、「B指導の悩み」の認識の差異があるのか、それと同時に「C悩みのサポート」「D組織評価（協働性など）」の認識の差異があるのか、順に明らかにしてきた。

　限られた研究結果ではあるが、日常的な生徒指導体制を構築するためには「日常的な指導の事例や困難」に関して教師自身のビリーフを省察するための時間が確保される必要がある。一例として、教師ビリーフに焦点化した校内研修を企画することが望まれる。

【キーワード】生徒指導、教師ビリーフ、指導の悩み、悩みのサポート、組織評価

第1節　問題と目的

　文部科学省の調査によると 2011 年度の高校における不登校生徒は約 5 万 6 千人、高校における中途退学者数は約 5 万 3 千人で、いじめや暴力行為なども依然として憂慮すべき状況にある。高校においては、学校生活への適応や人間関係の形成、進路選択などで多くの課題が表面化・深刻化してきている（文部科学省, 2011）。学校現場では、このような問題に対応するため教職員の共通理解にたった実践、いわゆる生徒指導体制が求められてきた（国立教育政策研究所生徒指導研究センター, 2006）。

　しかし、これらの問題対応の実際は教師にとって困難感を伴い、日々の教師のメンタルヘルスに少なからぬ影響を与えている。いわゆるバーンアウトの問題である。生徒指導の困難における教師のバーンアウトが指摘されている。一方で、このようなストレスの中でも教職人生を長期的に継続している教師がいる。バーンアウトを回避できた教師はどのような経験をしてきたのであろうか。自らも実践家である山口（2011）は、インタビュー調査により質的な検証を試みている。その結果、指導における教師ビリーフと困難感を抱きながら個々の教師は独自の実践を展開しており、教職継続に係る促進要因として、組織的な関わりや同僚の下支えが必要であることを報告している。繰り返し言われている教師のサポート体制の観点である。数量的な研究からも西・新井（2011）は、「同じ状況の中でもバーンアウトする人としない人の差異」に着目し、教師個人へのソーシャルサポートなどが抑止要因となることを報告している。以上の報告は示唆に富み、本研究の問題意識と重なるものである。しかし、これらの研究では教師ビリーフの数量的な検証や、生徒指導体制の基盤となるべき教師集団の協働性など組織評価の検証がされていない。

　本研究では、生徒指導の問題対応に着目し、「A（生徒指導における）教師ビリーフ」の認識を出発点として、「B 指導の悩み」の認識の差異があるのか、それと同時に「C 悩みのサポート」「D 組織評価（協働性など）」の認識の差異

があるのか、順に明らかにする必要があると考えた。これら4観点の認識が、学校現場ではどのような状況になっているか関心をもっている（図1）。なお、生徒指導・困難感の学校種別の教師認識を比較した研究（瀬戸, 2009）によれば、小中学校教師と比べて、高校教師の方が生徒指導・困難感などと組織評価（協働性など）の関連が数多く認められたと報告されており、本研究では高校教師に着目した。

「A 教師ビリーフ」の認識の差異→「B 指導の悩み」の認識の差異

　　　　　　　　　　　　　→「C 悩みのサポート」の認識の差異

　　　　　　　　　　　　　→「D 組織評価（協働性など)」の認識の差異

図1　本研究で想定している各要因

(1) 生徒指導にみる教師ビリーフの研究

　山口（2011）の指摘するように、指導の実際においては教師特有な「思い込み」であるイラショナル・ビリーフの存在が報告されている。教師は「その指示によって、生徒に規律ある行動をさせる必要がある」など強迫的に認識している（河村・國分, 1996）。その認識は教師の感じる不快感と関連している（河村・鈴木・岩井, 2004）。「指導すべきである」という過度な使命感は教師の自負心を支えるとともに、教師の指導上の困難感とも関連している可能性がある。このような教師ビリーフの「影」に焦点化した研究知見の一方で、「教師ビリーフがあっても心の負担を感じ、充実感や満足感がわかない状態になるよりは、むしろ、教師としての喜びや充実感、満足感を感じることができるのではないか（山口, 2011）」という議論もある。教師ビリーフの「光と影」である。研究から得られた研究知と実践知の融合が問われている。

　また犬塚（1995）は、指導の実際における認識に着目し、現職教師の指導に対するイメージを調査した。その結果、否定的イメージ30.7％、肯定的イメージ18.9％、中立的イメージ50.4％など教師認識が3類型に分かれたと報告して

いる。このような結果から、教師ビリーフの程度とそれに伴う困難感などが、どのような関係になっているのか明らかにする必要がある。「A 教師ビリーフ」の認識の差異と「B 指導の悩み」の認識の差異の関連について検討する必要がある。

(2) 教師ストレスとしての研究　同僚サポートの存在

　情報化や都市化など社会環境が大きく変化する今日、児童・生徒の日常的な指導上の問題は多岐にわたっている。教師達は、今までに経験したことのない問題に直面し、指導上の悩みを抱えているといえる（都丸・庄司, 2005）。多くの研究知見が、指導上の悩みからくる教師のストレスとして、蓄積されてきた（落合, 2003；西・新井, 2011；斎藤, 1999；高木・田中, 2003；八並・新井, 1998）。教師が疲弊している原因について、落合（2003）は学校臨床の側面から①生徒指導の困難さと教育技術のギャップ、②教師の協働と相互サポートの衰退、などが要因であることを指摘している。このような指摘は従来から見られる。

　一方で、都丸・庄司（2005）によれば、「担任をするクラスをまとめられない」など「指導の困難感（クラス運営やかかわりの効果低調など）」の教職に就いてから前年度までの悩みの程度の変化を尋ねた結果、「指導の困難感の変化（認識変容）」は、「同僚の励まし、悩み愚痴などを聞いてもらう」など「同僚の支え」と実際には関連していなかったことが明らかにされている。このことにも本研究は関心をもっている。「C 悩みのサポート」の認識の差異と日常的な職場の協働性認識など「D 組織評価」の認識の差異の関連を明らかにする必要がある。

　本研究は、学校臨床の側面から実際に取り組むことが可能な要因として、前段で指摘した教師ビリーフからくる日々の生徒指導における教師の困難感の実際はどのような状況になっているのか、そして、後段で指摘した同僚教師への援助要請・同僚サポートや組織的な協働性の現状はどのようになっているのか、前段の教師ビリーフの程度（H群・M群・L群）をもとに複数の観点から検討する必要があると考えた（得点の高群・中群・低群をH群・M群・L群と表記する）。

本研究の目的は、「A 教師ビリーフ」の認識をもとに「B 指導の悩み」「C 悩みのサポート」「D 組織評価」における高校教師の認識の差異が、どのような状況になっているか、数量的に明らかにすることである。

第 2 節　調査方法

(1) 質問紙の作成

理論的な枠組みとして、「A 教師ビリーフ」「B 指導の悩み」「C 悩みのサポート」「D 組織評価」の 4 つの要因を設定した。それらの枠組みは、次のような数量的検証をもとにした研究知見を参考にした。以下、具体的に挙げると、「A 教師ビリーフ」については、河村（2000）「教師特有のビリーフ」5 因子を参考にした。「B 指導の悩み」については、都丸・庄司（2005）「生徒との人間関係における中学校教師の悩み」の 4 因子を参考にした。「C 悩みのサポート」については先行研究より二つの枠組みを参考にした。ひとつは「C I 悩みのサポート・援助抵抗感」であり、田村（2008）の「教師の被援助志向性に関する心理学的研究」を参考に、抽出された 2 因子を参考にした。二つ目は「C II 悩みのサポート」であり、都丸・庄司（2005）の「生徒との人間関係における中学校教師の悩みのサポート」に関する 5 因子を参考にした。「D 組織評価」については、組織評価（瀬戸, 2006）を参考に「学習活動の充実」「職場満足」「協働性」「情報共有」の 4 因子を参考にした。以上、現職の高校教師と生徒指導を専門とする大学教師で質問内容や字句の表現を検討し、採用した。

(2) 調査の概要

調査時期：2011 年 1 月〜 3 月。調査対象のプロフィール：H 県の K 地区には、中規模と中規模以下の公立高校が 6 校ある。本研究における学校規模とは、大規模（生徒数 1 学年 7 学級以上）、中規模（1 学年 4 〜 6 学級）、小規模（1 学年 3 学級以下）を参考に調査対象を設定している。大規模校は少子化のなか H 県

の一部でしか見られず、中規模・中規模以下の高校が増えつつある。また、H県の生徒指導上の問題状況は、都道府県別の調査比較によれば、次のようになる（文部科学省, 2011）。高校のいじめ認知件数等は516件と他県よりも多く、暴力行為の発生件数は3.2件（1000人あたり）と全国平均4.0件よりも少ない。生徒指導上の特別な問題行動は報告されていない。K地区教育委員会の教育推進計画によると、次の2点が生徒指導の推進目標となっている。①インターンシップや奉仕体験などの充実や、働くことへの関心を高め自己の在り方、生き方を考えるキャリア教育の一層の工夫。②一人一人の生徒の成長を支援する定期的な個別面談や実態調査の実施など、生徒理解に基づく積極的な生徒指導の充実である。H県のK地区では、幼稚園、小・中学校、高校、各学校段階で教育評価を実施し公開している。生徒指導の分野では、生徒指導の方針の明確化・具体化、協働的な指導体制の確立、学校間や関係機関との連携を目指した校内組織確立が報告されている。先に述べたがH県のK地区の生徒指導の問題状況から、研究結果の一般性を導くことには限界がある。しかし、少子化の中、全国でも増えるであろう中規模・中規模以下の生徒指導の対応に還元できると考えている。

調査内容：表1に質問の構造と質問紙の内容を記す。

　（ア）「A教師ビリーフ」について。河村（2000）「教師特有のビリーフ」5因子のうち「第1因子の児童管理・生活指導（14項目）」のみを採用した。第1因子の説明率が第2因子以降の説明率に比べて倍以上大きくなるため第1因子の質問項目を採用した。次にこの採用された質問項目を検討した結果、「教師個人の指導姿勢」や「指導体制」など異なる観点が確認されたので、主因子法・プロマックス回転による因子分析を行った。その結果、因子の解釈可能性から、3因子構造が妥当であると判断した。いずれも固有値が1以上である。3因子で説明できる分散の割合の総和は、53.02％であった。内的整合性を示すクローンバックの α 係数は.74、.75、.56となった。

表1　質問の構造と質問紙の内容

A 教師ビリーフ	I	指示・指導による規律	教師はその指示によって、学級の生徒に規律ある行動をさせる必要がある。学級のきまりがゆるむと、学級全体の規律がなくなるので、教師は毅然とした指導が必要である。生徒の教育・生活指導などには、ある程度の厳しさが必要である。生徒は授業中に、挙手の仕方・発言の仕方など、規律のある態度が必要である。以上、4項目
	II	生徒の素直さ必要、及び同僚との共同歩調	生徒は、どの教師の言うことも、素直に聞くべきである。教師は学校教育に携わるものとして、同僚と同一歩調をとることが必要である。生徒は担任教師の指導を、素直に聞く態度が必要である。以上、3項目
	III	毅然とした指導、及び指導体制	生徒の生活指導は学校教育全体の場で、適宜、継続的に行う必要がある。教師は生徒のあやまちには、一貫した毅然たる指導をする必要がある。教師と生徒は、親しい中にも、毅然たる一線を保つべきである。生活指導などでは、学校の教師全体が同じ方針で取り組むことが大事である。以上、4項目
B 指導の悩み		生徒への抵抗感	生徒との年齢差が広がり、生徒と関係をつくりにくくなった。関わりがとりにくかったり、なんとなく合わない生徒がいる。生徒に接するのがわずらわしいと思ってしまう。気持ちや行動を理解できない生徒がいる。生徒の悪いところばかりが目についてしまう。生徒をかわいいと思えない。不登校の生徒や、休みがちな生徒とうまく関われない。担任するクラスの雰囲気になじめない。今まで接したことのないような生徒で、どう関わったらよいかわからない。以上、9項目
C 悩みのサポート群	I	援助抵抗感	人は誰でも、相談や援助を求められたら、わずらわしく感じると思う。自分が困っているとき、周りの人には、そっとしておいて欲しい。自分は、人に相談したり援助を求める時、いつも心苦しさを感じる。他人からの助言や援助を受けることに、抵抗がある。以上、4項目
	II①	同僚の対応	同僚の先生の励ましがある。悩みや愚痴を聞いてくれる同僚の存在。同僚の先生の信頼や理解がある。同僚の先生の協力や手助けがある。何でも話せる教職員の雰囲気。以上、5項目
	II②	教師としての責任感	教師なのだから何とかしなくてはという社会的な責任がある。能力がないと見られたくないというプライドがある。周囲からの期待がある。周囲に迷惑をかけたくないゆえに頑張ろうという気持ちがある。日々の多忙さがある。以上、5項目
	II③	教師としての自信	精神的な強さ。教職への思いや情熱。自分の関わりかたが正しいという信念。職場で自分のちからが発揮できることがある。生徒たちとの日々の関わり。保護者からの信頼や理解。以上、6項目

D 組織評価	I	学習活動の充実	所属校は学習指導に熱心である。所属校は、進路指導に熱心である。所属校は、学校行事が盛んである。所属校は、学校行事が盛んである。所属校は、学校生活全体にゆとりがある。所属校は、校則指導に熱心である。所属校は、生徒指導が少ない。以上、6項目
	II	満足度	私は、同僚と話していて楽しい。私は、この学校で長く勤めたい。私は教師という仕事にやりがいを感じる。私は、勤務校で充実感がある。私は職場にくつろげる場所がある。私は、生徒に愛着を感じる。以上、6項目
	III	協働性	所属校は、校内研修が活発である。所属校は、職員の協力体制がある。所属校は、分掌が機能的に活動している。所属校は、対外的な行事・研究会の当番校によくあたる。所属校は、管理職の指導力が発揮されている。所属校は、管理職の理解がある。以上、6項目
	IV	情報共有	所属校では、校内のコミュニケーション（情報伝達）がスムーズである。所属校では、他校の教職員との交流が盛んである。所属校では、仕事に必要な情報を集めやすい。所属校では、仕事の決定のプロセスが良く伝わってくる。所属校では、他部門（学年・分掌・教科等）との連絡調整がされている。所属校では、仕事の指示・報告のルートがはっきりとしている。以上、6項目

概ね十分な信頼性が確認された。質問項目は以下のようになる。第1因子は、「指示・指導による規律」で、「教師はその指示によって、学級の生徒に規律ある行動をさせる必要がある」など4項目。第2因子は、「生徒の素直さ必要、及び同僚との共通歩調」で、「生徒は、どの教師の言うことも、素直に聞くべきである。教師は学校教育に携わるものとして、同僚と同一歩調をとることが必要である」など3項目。第3因子は、「毅然とした指導、及び指導体制」で「生徒の生活指導は学校教育全体の場で、適宜、継続的に行う必要がある。 教師は生徒のあやまちには、一貫した毅然たる指導をする必要がある」など4項目である。

（イ）「B指導の悩み」について。都丸・庄司（2005）「生徒との人間関係における中学校教師の悩み」の4因子を参考にしたが、抽出された4つの因子は相互に相関が高かったので、第1因子である「生徒への抵抗感」のみを採用し

た。「生徒との年齢差が広がり、生徒と関係をつくりにくくなった。関わりがとりにくかったり、なんとなく合わない生徒がいる」など 9 項目である。

（ウ）「C Ⅰ 悩みのサポート・援助抵抗感」について。田村（2001）の「教師の被援助志向性」に関する研究を参考に、抽出された因子のうち、数量的検証の結果、教師のバーンアウトに影響が見られた第 2 因子「援助関係に対する抵抗感の低さ」を採用した。「人は誰でも、相談や援助を求められたら、わずらわしく感じると思う」など 4 項目である。

「C Ⅱ 悩みのサポート」について。都丸・庄司（2005）の「生徒との人間関係における中学校教師の悩みのサポート」に関する 5 因子のうち説明率が高く、かつ項目数が多い 3 つの因子を採用した。第 1 因子は「同僚の対応」、第 2 因子は「責任感」、第 3 因子は「教師としての自信」となる。第 1 因子は、「同僚の先生の励ましがある。悩みや愚痴を聞いてくれる同僚の存在」など 5 項目。第 2 因子は、「教師なのだから何とかしなくてはという社会的な責任がある」など 6 項目、第 3 因子は、「精神的な強さ。教職への思いや情熱。自分の関わりかたが正しいという信念」など 6 項目である。

（エ）「D 組織評価」について。組織評価（瀬戸, 2006）を参考に「学習活動の充実」「職場満足」「協働性」「情報共有」の 4 側面を設定した。「学習活動の充実」は、「所属校は学習指導に熱心である」など 6 項目である。「職場満足」、「私は、同僚と話していて楽しい」の 6 項目である。「協働性」は、「所属校は、校内研修が活発である」などの 6 項目である。「情報共有」は、「所属校では、校内のコミュニケーション（情報伝達）がスムーズである」など 6 項目、を設定した（表1）。

（ア）〜（エ）まで、いずれの質問紙においても回答は、5 とても当てはまる、4 少し当てはまる、3 どちらともいえない、2 あまり当てはまらない、1 全く当

てはまらない、で回答を求め、その数字を選択するようにした。

第3節　調査結果と考察

(1) 調査対象

　調査対象、高校教師 184 名（K 地区教育委員会を通して各学校へアンケート依頼したため回収率は算出できなかった）。教職経験 5 年以内 48 名、5 年〜 10 年 35 名、11 年〜 15 年 32 名、16 年〜 20 年 31 名、21 年〜 25 年 23 名、25 年〜 30 年 12 名、31 年以上 3 名、計 184 名。男 141 名、女 43 名。教諭 163 名、養護教諭 7 名、管理職 6 名、その他実習助手等 8 名。担当分掌は、生徒指導にかかわる分掌の長 8 名、生徒指導の分掌 41 名、生徒指導以外の分掌 136 名である。大学（短大）等への進学率 30% 以下 122 名、31 〜 70% 34 名、71% 以上 28 名であった。生徒数が 100 名以下 12 名、101 〜 200 名以下 25 名、201 〜 300 名 27 名、401 〜 500 名 1 名、501 名以上 119 名である。本調査において教職経験以外の個人属性と学校属性は、偏りが大きかった。このことから、個人属性（教職経験）のみを参考にして各得点を検討している。

(2) 各カテゴリー得点

　「教師ビリーフ」得点を算出する際、より教師認識の現状を明確にするため、因子分析を行い、その結果を参考にした。また、「教師ビリーフ」以外の各得点を算出する際、1 因子性を確認してから、各得点を算出した。1 因子性の確認のため、関係する質問項目の主成分分析を用い、累積寄与率に着目した。第 1 主成分の寄与が高く、かつ第 2 主成分の寄与が第 1 主成分より際立って小さく、かつ、第 2 主成分の寄与が 1 以下（あるいは 1 程度）である場合、第 1 成分を採用する。また、主成分負荷量 .40 以上を条件とする。以下、尺度得点の平均値の提示により学校現場の実践者が実践の差異を容易に比較検討し活用できることを考えている。

(3) 各得点の相関係数—相関係数（r＞.20）を基準として—

①各得点と個人属性（教職経験）

　以下、表による説明は省略し、結果のみ説明する。なお前述の説明より、個人属性（教職経験）のみを参考にして各得点を検討した。その結果、相関係数が、教職経験と「教師ビリーフ（指示・指導による規律）」得点で弱い負の相関（r = -0.20）が認められた。教職経験と「悩みのサポート群」「教師の自信」（r = 0.17）、教職経験と「組織評価」「情報共有」（r = 0.15）が認められたが。いずれも基準とした係数よりも小さかった。

②各得点の関連

　「教師ビリーフ（指示・指導による規律）」得点と「悩みのサポート」「同僚の対応」（r = 0.27）、「教師の責任感」（r = 0.25）、「教師の自信」（r = 0.28）のそれぞれ弱い相関が認められた。

(4)「教師ビリーフ（指示・指導による規律）」得点と各要因の平均値の比較（多重比較）

　以下、平均値の差異がある結果のみ説明する。なお、犬塚（1995）は、指導の実際における認識に着目し、教師認識が３類型に分かれたと報告している。このことを参考に、教師ビリーフ得点（指示・指導）の回答分布をZ得点に換算した結果、３つに分類された。得点の高い順にH群（n = 69）・M群（n = 56）・L群（n = 59）とした。それらの３群と各要因の関係を検討する。また、「指示・指導による規律」を「教師ビリーフ」の代表値としたのは、固有値が１以上で抽出された３因子の説明率（第１因子34.0%、第２因子10.2%、第３因子8.7%）のなかで最も説明率が高かったからである。

（ア）「教師ビリーフ」の３類型（L群・M群・H群）

　「教師ビリーフ」は、３因子となり、各因子の得点分布は３類型になった。

「指示・指導による規律」にかかわる第1因子（平均点3.8、4.4、4.9：L群＜M群＜H群）、「児童生徒の素直さ必要・同僚歩調」にかかわる第2因子（平均点3.7、4.2、4.4：L群＜M群・H群）、「毅然とした指導、教師の指導体制」など第3因子（平均点4.3、4.7、4.8：L群＜M群＜H群）である。なお、第2因子は、2項目が生徒への役割期待、1項目が教師への役割期待としてそれぞれ対象は異なるが、他者への役割期待として解釈した。観測変数の因子構造及び類型化について表2に示す。

表2　観測変数（ＡＢＣＤ）の因子構造および類型化の説明

A　教師ビリーフ	Ⅰ	指示・指導による規律（第1因子）	類型化の設定H群・M群・L群
	Ⅱ	生徒の素直さ必要、及び同僚との共同歩調（第2因子）	類型化の設定H群・M群・L群
	Ⅲ	毅然とした指導、及び指導体制（第3因子）	類型化の設定H群・M群・L群
B　指導の悩み		生徒への抵抗感	「教師ビリーフ」H群・M群・L群による有意差の比較
C　悩みのサポート	Ⅰ	援助抵抗感	「教師ビリーフ」H群・M群・L群による有意差の比較
	Ⅱ①	同僚の対応（第1因子）	「教師ビリーフ」H群・M群・L群による有意差の比較
	Ⅱ②	教師としての責任感（第2因子）	「教師ビリーフ」H群・M群・L群による有意差の比較
	Ⅱ③	教師としての自信（第3因子）	「教師ビリーフ」H群・M群・L群による有意差の比較
D　組織評価	Ⅰ	学習活動の充実	「教師ビリーフ」H群・M群・L群による有意差の比較
	Ⅱ	満足度	「教師ビリーフ」H群・M群・L群による有意差の比較
	Ⅲ	協働性	「教師ビリーフ」H群・M群・L群による有意差の比較
	Ⅳ	情報共有	「教師ビリーフ」H群・M群・L群による有意差の比較

（イ）「指示・指導による規律」「教師ビリーフ」３類型と「指導への抵抗感」得点

　都丸・庄司（2005）の生徒との人間関係における中学校教師の悩みと変容に関する研究において、「指導の悩み」として抽出された第１因子の「生徒への抵抗感（９項目）」を採用した。「教師ビリーフ」３類型による教師集団の差異はない。

（ウ）「指示・指導による規律」「教師ビリーフ」と援助抵抗感の関係

　田村（2001）の教師の被援助志向性に関する心理学的研究から「援助関係に対する抵抗感の低さ（４項目）」を採用した。差異なし、平均点（１群2.5、２群2.4、３群2.5）。

（エ）「指示・指導による規律」「教師ビリーフ」の３類型と「悩みのサポート群」の関係

　「同僚の対応（５項目）」の平均点（L群3.4＜H群3.8）、「教師としての自信（６項目）」の平均点（差異なし）、「責任感（５項目）」の平均点（L群3.5＜H群3.9）。

（オ）「教師ビリーフ（第１因子・第２因子・第３因子）」と「組織評価」

　前述の（ア）～（エ）まで「教師ビリーフ」「指示・指導による規律」を代表値として用いたが、ここではビリーフの第２因子、第３因子も参考に比較した。その結果、①「指示・指導による規律」にかかわる第１因子、学習充実・職場満足・協働性・情報共有の各因子、差異なし。②「児童生徒の素直さ必要・同僚歩調」にかかわる第２因子、学習充実（L群・M群＜H群）、職場満足（なし）、協働性（L群＜H群）、情報共有（L群＜H群）、③「毅然とした指導、教師の指導体制」など第３因子、学習充実（L群＜H群）、職場満足（L群＜H群）、協働性（なし）、情報共有（なし）、であった。

表3　教師ビリーフ「指示・指導による規律」による3類型

A教師ビリーフ		I指示・指導による規律			II生徒素直さ、同僚歩調			III毅然とした指導、指導体制		
類型	n(人)	平均	標準偏差		平均	標準偏差		平均	標準偏差	
L群	69	3.75	0.33	L<M<H	3.74	0.69	L<M・H	4.34	0.39	L<M<H
M群	56	4.42	0.12		4.22	0.57		4.66	0.36	
H群	59	4.85	0.51		4.44	0.70		4.83	0.29	

B指導の悩み		生徒への抵抗感		
類型	n(人)	平均	標準偏差	
L群	69	2.57	0.75	n.s.
M群	56	2.49	0.61	
H群	59	2.64	0.71	

C悩みのサポート群		I援助抵抗感		
類型	n(人)	平均	標準偏差	
L群	69	2.49	0.73	n.s.
M群	56	2.38	0.68	
H群	59	2.49		

		II①同僚の対応			II②教師としての責任感			II③教師としての自信		
類型	n(人)	平均	標準偏差		平均	標準偏差		平均	標準偏差	
L群	69	3.43	0.96	L<H	3.49	0.60	n.s.	3.56	0.59	L<H
M群	56	3.77	0.74		3.70	0.55		3.80	0.60	
H群	59	3.82	0.73		3.67	0.62		3.86	0.61	

D　組織評価		I学習充実			II職場満足			III協働性			IV情報共有		
類型	n(人)	平均	標準偏差		平均	標準偏差		平均	標準偏差		平均	標準偏差	
L群	69	3.01	0.58	n.s.	3.31	0.82	n.s.	3.00	0.70	n.s.	2.77	0.69	n.s.
M群	56	3.26	0.62		3.60	0.67		3.27	0.81		3.04	0.74	
H群	59	3.26	0.78		3.59	0.78		3.30	0.78		2.97	0.85	

表4　教師ビリーフの3因子による組織評価の差異

指示・指導による規律

類型	n(人)	学習充実 平均	標準偏差		職場満足 平均	標準偏差		協働性 平均	標準偏差		情報共有 平均	標準偏差	
L群	69	3.01	0.58	n.s.	3.31	0.82	n.s.	3.00	0.70	n.s.	2.77	0.69	n.s.
M群	56	3.26	0.62		3.60	0.67		3.27	0.81		3.04	0.74	
H群	59	3.26	0.78		3.59	0.78		3.30	0.78		2.97	0.85	

生徒素直さ、同僚歩調

類型	n(人)	学習充実 平均	標準偏差		職場満足 平均	標準偏差		協働性 平均	標準偏差		情報共有 平均	標準偏差	
L群	56	2.98	0.55	L<M<H	3.39	0.80	n.s.	2.94	0.65	L<H	2.70	0.77	L<H
M群	66	3.11	0.72		3.42	0.77		3.26	0.84		2.94	0.78	
H群	61	3.39	0.66		3.64	0.75		3.33	0.74		3.09	0.71	

毅然とした指導、指導体制

類型	n(人)	学習充実 平均	標準偏差		職場満足 平均	標準偏差		協働性 平均	標準偏差		情報共有 平均	標準偏差	
L群	71	3.03	0.61	L<H	3.31	0.81	L<H	3.00	0.85	n.s.	2.84	0.81	n.s.
M群	36	3.06	0.67		3.50	0.75		3.33	0.78		2.98	0.68	
H群	74	3.33	0.70		3.64	0.74		3.29	0.66		2.99	0.74	

第4節　総合的考察

　高校においては、学校生活への適応や人間関係の形成、進路選択などで多くの生徒指導上の課題が表面化・深刻化してきており、教職員の共通理解にたった実践、いわゆる生徒指導体制が求められてきた。しかし、これらの問題対応の実際は教師にとって困難感を伴い、日々の教師のメンタルヘルスに少なからぬ影響を与えている。社会環境が大きく変化する現在、同僚との協働や相互サポートのなかで、どのようにして教師の抱える指導の困難感を共有していくかが問われている。

　本研究は、学校臨床の側面から実際に取り組むことが可能な要因として、生徒指導における教師ビリーフからくる日々の生徒指導における教師の困難感の

実際はどのような状況になっているのか、そして、同僚教師への援助要請・同僚サポートや組織的な協働性の現状はどのようになっているのか、前段の教師ビリーフの程度（H群・M群・L群）をもとに複数の観点から検討する必要があると考え、数量的に明らかにした。

(1) 個人属性（教職経験）の差異

相関係数（r > .20）を基準とした場合、教職経験の差異による「A教師ビリーフ」「B指導の悩み」「D組織評価」の認識に関連はなかった。一方で、「A教師ビリーフ（指示・指導による規律）」の認識と「C悩みのサポート群」「同僚の対応（r = 0.27)」、「教師の責任感（r = 0.25)」、「教師の自信（r = 0.28)」の認識にそれぞれ弱い関連性が認められた。教職経験とは関係なく、「Aビリーフ（指示・指導による規律)」と「C悩みのサポート」の認識の関連が高くなる。例えば、「教師はその指示によって、学級の生徒に規律ある行動をさせる必要がある」と強く認識する教師ほど、「同僚の先生の励ましがある。悩みや愚痴を聞いてくれる同僚の存在」などに関心があり、同時に「教師なのだから何とかしなくてはという社会的な責任がある」など強く感じており、「精神的な強さ。教職への思いや情熱。自分の関わりかたが正しいという信念」などが必要だと考えている。

(2)「A教師ビリーフ」と「B指導の悩み」の関連

「A教師ビリーフ（指示・指導による規律)」の「教師はその指示によって、学級の生徒に規律ある行動をさせる必要がある」などの教師の認識と「B指導の悩み」「生徒との年齢差が広がり、生徒と関係をつくりにくくなった。関わりがとりにくかったり、なんとなく合わない生徒がいる」「生徒に接するのがわずらわしいと思ってしまう」などの教師の認識は関連がなかった。教師ビリーフの強さは、指導の悩みの程度と直接は関連していなかった。このことから、山口（2011）の指摘するような「教師ビリーフがあっても心の負担を感じ、充実感や満足感がわかない状態になる」よりは、むしろ、「教師ビリーフがあっ

ても教師としての喜びや充実感、満足感を感じることができる」という可能性もうかがわれた。

(3)「A教師ビリーフ」と「C悩みのサポート」の関連

「A教師ビリーフ」の「教師はその指示によって、学級の生徒に規律ある行動をさせる必要がある」などの認識と「CⅠ悩みのサポート・援助抵抗感」「人は誰でも、相談や援助を求められたら、わずらわしく感じると思う」などの認識は関連がなかった。同じく、「CⅡ悩みのサポート」について、第2因子「教師としての責任感」「教師なのだから何とかしなくてはという社会的な責任がある」などの認識と関連がなかった。

しかし、「CⅡ悩みのサポート」の第1因子「同僚の対応」「同僚の先生の励ましがある。悩みや愚痴を聞いてくれる同僚の存在」の関心が高い教師や、第3因子である「教師としての自信」「精神的な強さ」などの認識が高い教師は、「A教師ビリーフ」の認識が高い教師であるという傾向があることが明らかになった。以上のことから、個々の教師にとっての「C悩みのサポート」とは何か、判断する場合、いわゆる「同僚の対応」とともに、教師個人の「教師としての自信」が関連していることがうかがわれた。

(4)「A教師ビリーフ」と「D組織評価」の関連

前項まで「A教師ビリーフ」の代表値として採用してきた「指示・指導による規律」の認識は、「D組織評価」である「学習充実・職場満足・協働性・情報共有」の認識と関連がなかった。しかし、第2因子である「児童生徒の素直さ必要・同僚歩調」にかかわる認識と「学習充実」「協働性」「情報共有」のそれぞれの認識は関連があった。これまでも言われてきたが生徒指導における教師ビリーフとして、同僚教師としての共同歩調を強く認識している教師ほど、「所属校は学習指導に熱心である」「校内のコミュニケーションがスムーズである」と強く認識し、「同僚と話していて楽しい」と感じていた。また、第3因子である「毅然とした指導、教師の指導体制」などの認識と「学習充実」「職

場満足」の認識と関連があった。「生活指導などでは、教師全体が同じ方針で取り組むことが大事である」と強く認識している教師ほど、「所属校は学習指導に熱心である」と強く認識し、「同僚と話していて楽しい」と感じていた。

　本研究では、生徒指導の問題対応に着目し、「A（生徒指導における）教師ビリーフ」の認識を出発点として、「B 指導の悩み」の認識の差異があるのか、それと同時に「C 悩みのサポート」「D 組織評価（協働性など）」の認識の差異があるのか、順に明らかにしてきた。限られたデータからの解釈には、限界が認められるが、教師ビリーフの程度と指導の悩みの程度は関連がなかった。このことは、貴重な事例報告である山口（2011）の知見とも重なった。教師ビリーフからくる負担感という生徒指導における「影」の説明だけではなく、喜びや満足という生徒指導における「光」の説明とも重なるものである。

　また、教師ビリーフを細かく見れば、本研究では3つの教師ビリーフを設定しており、「生徒の素直さ、同僚歩調」という教師ビリーフの高い教師は、職場の協働性や同僚教師との情報共有の程度を高く認識していることが明らかになった。また、「指示・指導による規律」という教師ビリーフの高い教師は悩みのサポートとしての同僚の対応や教師としての自信を高く認識していた。3つのビリーフは相互に関連しているが、実践者として自分自身のビリーフを省察する際、「指示・指導による規律」「生徒素直さ、同僚歩調」「毅然とした指導、指導体制」という3つのビリーフ、それぞれの相違点を押さえておく必要があるであろう。

　限られた研究結果ではあるが、日常的な生徒指導体制を構築するためには「日常的な指導の事例や困難」に関して教師自身のビリーフを省察するための時間が確保される必要がある。一例として、教師ビリーフに焦点化した校内研修を企画することが望まれる。自分自身のビリーフを省察し、同時に同僚教師のビリーフを尊重していく過程、言い換えればお互いのビリーフの相違点を共通認識するような校内研修が望まれる。直接的な問題対応にはならないかもしれないが、教師同士が個々のビリーフの特性を認識しながら、生徒指導体制を

構築していくことが可能になるであろう。しかし、高校における教師間のコミュニケーションの関係が、小中学校と比べて低調であるという報告もあり（三島・上地, 2003）、校内研修の充実が高校の持つ大きな課題となっている。今後、このような学校種により異なる教師文化の特性を含めた研究も必要であろう。

　本研究は調査上の課題として、本研究はH県高校の協力を得て調査を依頼したが、調査対象は限られた学校の回答によるものであり、学校間格差の大きい高校において一般化するには限界がある。公立・私立、学科別、課程別の相違や地域差なども十分に加味して検討しなければならない。今後小中学校など異なる学校種でも調査が必要である。また、質問項目も校務多忙な教師の負担を考慮し、必要最小限の項目を採用したことにより限られた項目しか検討されていない。今後、質問項目をより精選し測定尺度として確立することが必要であり、インタビュー調査など質的研究もあわせて行う必要がある。

[引用文献]

犬塚文雄　1995　臨床的生徒指導の特質と機能—TOS から COS への変革をめざして—　学校教育研究, 10, 59-72.

河村茂雄　2000　教師特有のビリーフが児童に与える影響　風間書房

河村夏代・鈴木啓嗣・岩井圭司　2004　教師に生ずる感情と指導の関係についての研究—中学校教師を対象として—　教育心理学研究, 52（1）, 1-11.

河村茂雄・國分康孝　1996　小学校における教師特有のビリーフについての調査研究　カウンセリング研究, 29, 55-59.

国立教育政策研究所生徒指導研究センター　2006　生徒指導体制の在り方についての調査研究—規範意識の醸成を目指して—　報告書　1-2.

文部科学省　2011　「平成22年度　児童生徒の問題行動等生徒指導上の諸問題に関する調査」

三島裕路・上地安昭　2003　学校の危機に影響を与える要因に関する研究　カウンセリング研究, 36（1）, 20-30.

西康滋・新井肇　2011　「教師の使命感とバーンアウトの関連についての研究—ソーシャルサポートとレジリアンスの抑止効果に着目して—」生徒指導学研究, 10, 36-46.

落合美貴子　2003　教師バーンアウトのメカニズム—ある公立中学校職員室のエスノグラフィー—　コミュニティ心理学研究, 6（2）, 72-89.

瀬戸健一　2006　消極的生徒指導と積極的生徒指導の検討の試み—生徒指導連絡協議会に参

　加した教師の認識に着目して— 学校心理学研究, 6 (1), 53-65.

瀬戸健一　2009　協働的な生徒指導体制における教師認識の検討—小学校・中学校・高校における教師認識の差異に着目して— 日本高校教育学会年報, 16, 48-57.

高木亮・田中宏二　2003　教師の職業ストレッサーに関する研究—教師の職業ストレッサーとバーンアウトの関係を中心に— 教育心理学研究, 51 (2), 165-174.

田村修一・石隈利紀　2001　指導・援助サービス上の悩みにおける中学校教師の被援助志向性に関する研究—バーンアウトとの関連に焦点をあてて— 教育心理学研究, 49 (4), 438-448

都丸けい子・庄司一子　2005　生徒との人間関係における中学校教師の悩みと変容に関する研究　教育心理学研究, 53 (4), 467-478.

山口晴敬　2011　「高校教師の教職継続に係る促進要因の探求—生徒との関わりに着目して— 日本高校教育学会年報, 18, 25-35.

第7章

生徒指導体制の総合的な研究2
校内において機能するシステムの検討
—生徒指導体制のキーパーソンに着目して—

要　旨

　本研究は、校内で機能するシステムを検討するため、消極的生徒指導・実践度の教師認識の傾向が校内連携・校外連携における教師認識の傾向と関連があるのか明らかにし、次に教師集団の差異があるのかを明らかにすることである。いわゆる主任クラスの教諭が校内体制において影響している可能性も認められた。校内において機能するシステムとして主任クラスの教師の活躍が想定できる。これらの教師の活躍をキーパーソンとして捉えることができる。キーパーソンとは何か、その研究はこれからである。

【キーワード】指導イメージ、校内連携、校外連携、キーパーソン

第1節 問題と目的

　現在、学校における生徒指導上の問題は、極めて多岐にわたるものとなり複雑化し深刻な状況になっている。このような学校現場の問題状況に対して、学校心理学では必要に応じて一時的に結成されるチーム援助という観点と、恒常的・継続的に機能するシステム（以下、機能するシステム）という観点から、貴重な実践報告をしている（家近・石隈, 2003；相樂・石隈, 2005；茅野, 2004）。

　前者のチーム援助研究の動向については、八並（2006）が、学術書、学術論文、商用雑誌論文、学会発表論文、研究助成報告書、文部科学省の報告書・指導資料等をもとに細密に紹介している。そのなかで八並は「教育現場においてその学問的応用性が最も期待されるのは、子どもの個別発達援助サービスを目的とする生徒指導である」と述べており、本研究でも応用性の観点から生徒指導の教師認識に焦点化している。教育政策においても生徒指導に関わる協力者会議報告、審議会答申、文部科学省通達等、は膨大な数にのぼり（嶋崎, 2007）、最近では文部科学省の初等中等局長名で「問題行動を起こす児童生徒に対する指導について」（2007）という通知が発表されている。表（略）にここ10年間の生徒指導関係略表を載せたが、複数の報告のなかで生徒指導体制という用語が用いられている。この用語は前述した恒常的・継続的に機能するシステムと共通したニュアンスをもち、学校現場で共有されている。生徒指導体制という用語の教師認識をもとに、校内において機能するシステムを探索することが可能であると考えた。

　ところで生徒指導の研究課題として、八並（1996）は、具体的な定義がなされず調査されていることを指摘している。このことは生徒指導に限らず、教育言説と言われる抽象的な表現は教育界の大きな特徴でもある。そのような指摘も踏まえた上で、学校現場の教師により多く活用されている用語や表現を参考に検討する必要がある。

　システムという用語は、近年様々な場面で活用されているが、校内において

機能するシステム(1)を検討する際、家近・石隈（2003）は学校経営的な議論が必要であるとし、石隈（1999）は、①教育制度、教育体制の問題、②学校というサービス組織の運営の問題、③学校という社会システム、という三つの構造を説明している。本研究では②学校というサービス組織の運営の方式に着目し、学校内の緊急事件の際に対応する方式、不登校の子どもを援助する方式など生徒指導上の問題の対応に焦点化している。辞書レベルの表現を参考にすれば「システムとは有機的に機能を発揮している要素の集合体」として考えられ、校内において機能するシステムを構成する要素は、どのように認識されているのであろうか。

　学校長の立場から松尾（1999）は、学校の組織の運営方式は、大別して「学年」「教科」「事務」などの複層構造からなるため、生徒指導上の問題発生に対して弱い側面があることを説明している。富山（1999）は、より経営論的な観点から、①学年内の支援体制を整える、②各教科担当の協力体制を整える、③主任層を生かして学級・学年を支援する、他と具体的な実践を提言している。これらの要素が、日常的な問題に対応するためのシステムの要素として関係している。次に辻畑（1993）は、生徒指導論の立場から、問題に対応するため、①教師の共通理解の確立、②指導組織の確立、③担当教師の姿勢、④管理職のリーダーシップ、が代表的な指導体制の要素であるとしている。同じく松下（2003）は、①教職員の指導協力体制、に②地域社会の人たちとの協力体制、を加え、生徒指導といえば非行対策のような暗いイメージを持ちがちであることを懸念し、③明るいイメージの指導姿勢を提言し、それぞれが「校内体制」「指導体制」「協力体制」など体制(2)という表現を用いている。

　本研究では、校内にいて機能するシステムを研究するために、学校現場で広く共通して認識され、日常的にも活用されている生徒指導体制という用語に着目している。経験豊かな実践者の説明を参考にすれば、生徒指導体制とは、①教師の指導イメージの共有、②校内での教職員の協力関係（以下、校内連携）、③地域社会との協力関係（以下、校外連携）、などが理論的な枠組として浮かび上がってくる。この3つの枠組みをもとに、どのような教師認識が存在するの

か検討することが可能である。学校現場のシステムに関連する記述の比較例を載せた（表1参照）。

表1　学校現場のシステムに関連する記述の比較

研究領域	コミュニティ心理学	学校心理学	学校心理学	学校経営論	生徒指導論	生徒指導論	本研究での枠組み
研究報告や提言等	学校コミュニティを活かす援助活動（黒沢, 2000）	学校教育に関するシステム（石隈, 1999）	援助サービスのコーディネーション委員会（家近・石隈, 2003）	協力体制をつくるリーダーシップ（富山, 1999）	指導体制（畑, 1993）	指導体制（松下, 2003）	生徒指導体制（瀬戸, 2006）
システムという用語の活用例、および体制に関係する具体的説明例	①個別援助活動	①教育制度、教育体制の問題	①コンサルテーションおよび相互コンサルテーション機能	①学年内の支援体制を整え担任を支援する	①教師の共通理解の確立	①教職員の指導協力体制	①教師の指導イメージの共有
	②コンサルテーションシステムズ・アプローチ、システムズ・コンサルテーション	②学校というサービス組織の運営の方式の方式：学校内の緊急事件、不登校の子どもの援助、不登校や障害などの特別の教育ニーズなどに教師、保護者、スクールカウンセラーが協同すること	②学年、学校レベルの連絡・調整機能	②教科担当者の協力体制を整える	②指導組織の確立	②地域社会との協力体制	②校内での教職員の協力関係（校内連携）
	③心理教育プログラム	③児童生徒、教師、スクールカウンセラー、保護者などからなり子どもの教育という目的をもつ学校という社会システム	③個別のチーム援助の促進機能	③主任層を生かして学級・学年を支援	③担当教師の姿勢	③明るいイメージの指導姿勢	③地域社会との協力関係（校外連携）
	④危機介入・緊急対応		④マネジメントの促進機能	④関係生徒のメンタルヘルス	④管理職のリーダーシップ		
	⑤システム構築			⑤保護者との協力・連携			
				⑥関係・関連機関との連携			

　本研究は、①教師の指導イメージの共有については、文部省（1981）の「生徒指導の手引き」にある生徒指導には消極的目的と積極的目的の二つがあるという考えを参考に、消極的生徒指導の実際に着目した。具体的には「安全確保のための管理」「きまりの遵守」「ルール違反の児童生徒への毅然とした対処」（犬塚, 2002）を参考に用いているが（表2参照）[3]、消極的生徒指導の教師イメージには次のような問題点があることが指摘されている。松下（2003）は、生徒指導の実践に対する教師のイメージが暗く受け止められていることを指摘したが、実際に犬塚（1995）は、現職教師を調査した結果、生徒指導のイメージが否定的・中立的・肯定的の3類型に分かれたことを報告している。このことから、教師集団の差異について検討する必要がある。

　次に、②校内連携については、学校心理学でいうチーム援助、システムの構築、ネットワーク、教師の協働性の形成、など多様な表現がある。しかし、そのような合言葉とは反対に学校現場において教師が孤立化していることが報告されている（落合, 2003）。不登校やいじめ等の問題は担当教師が一人で対応すべき問題として捉えられており、その要因としては複数の観点が考えられるが、本研究では教師の校内連携に対する姿勢や教師行動の差異に着目している。柳生（2002）は、教師の免疫性（教師が突発的な問題解決場面に遭遇した際に統制不可能になることで挫折、無気力になることへの抵抗作用）という概念を用いて、免疫性得点の低い教師は、組織的な活動を目指す活動促進性、同僚とのコミュニケーションなど親近配慮性が低いことを報告している。このことから、校内連携に関心の高い教師と低い教師など、教師集団の差異が存在していることが示唆される。

　次に、③校外連携については、近年、生徒指導に限らず特別支援教育など、その必要性が再認識されており生徒指導の校内体制の構築に対して、校外連携は不可欠である。校外連携の実際に関して、教師認識の差異についても検討する必要がある。

表2　消極的生徒指導と積極的生徒指導の形態分類

	消極的生徒指導	積極的生徒指導
全校児童生徒	○安全確保のための管理 ○きまりの遵守	○個性・良さ・持ち味の開発援助 ○発達課題への支援
一部の児童生徒	○ルール違反の児童生徒への毅然とした対処	○SOSを発している児童生徒の心の傷を癒す手当て

＊犬塚（2002）の生徒指導の形態分類

　本研究では、学級集団の安全確保を目指した消極的生徒指導の実践がまずは重要であり、そのためには教師集団の校内連携、そして家庭・地域・専門機関などとの校外連携が並行して必要だと考えている。本研究の目的は、校内で機能するシステムを検討するため、消極的生徒指導の教師認識の傾向が校内連携・校外連携における教師認識の傾向と関連があるのかを明らかにし、次に教師集団の差異があるのかを明らかにすることである。

　本研究は、次の4側面をもとに検討する。井上（1998）を参考に（教育実践目標の）「望ましさの程度」「実践している程度」の2側面を設定し、久冨（2003）を参考に校内体制の構築における教師行動の「効力の程度」（このような実践していることが教育上効果を及ぼすことができて良かったと感じている）、「困難の程度」（このような実践しているが困難を感じることがある）という2側面も付け加えた。

　本研究は、生徒指導連絡協議会に参加した中学教師たちにアンケート調査を実施し、「A消極的生徒指導」「B校内連携」「C校外連携」のそれぞれで①賛同の程度、②実践の程度、③効力の程度、④困難の程度、の回答結果を抽出し、生徒指導体制における教師認識を解明する。研究では質問項目を整理し、3要因の実践状況を性別・職種・教職経験・生徒数など教師属性・学校属性をもとに比較し、各要因の関連などから教師集団の差異について検討する。

第2節　調査方法

　質問項目の整理とアンケート調査：生徒指導研究（日本生徒指導学会）など
の先行研究、その他一般書を参考に生徒指導における教師の一般的な行動目標
を抽出し、質問項目として整理する。「Ａ消極的生徒指導」「Ｂ校内連携」「Ｃ
校外連携」の実践状況を性・職種・教職経験など教師属性、生徒数など学校属
性をもとに検討する。調査対象：Ａ県のＢ地区生徒指導連絡協議会参加者 98
名（中学校教師）。各校から 2 名以上の教師が参加している。学校数としては生
徒数が 200 名以下（以下、小規模校）が多く、201 ～ 500 名（中規模校）と 501
名以上（大規模校）が同程度に存在する。Ａ県のＢ地区のプロフィール：豊か
な自然に恵まれ農業が基幹産業となっている。学校規模としては小規模校が多
く、校区が広域である。特別に困難な生徒指導の事例は報告されていないが、
規範意識の低下や集団生活の難しさが報告されている。前述の生徒指導連絡協
議会は各学期定例で開催され、生徒指導実践への教師の共通理解や関心の高さ
が、ある程度は見られる。2003 年度の不登校出現率は全児童・生徒の 0.74％
である。調査手続き：参加者 98 名にアンケート調査を配布・回収。調査時期
2004 年 2 月。調査内容：質問項目は以下になる。（私は日常的な教育活動の中
で）「賛同度」は、5 とても賛同している、4 少し賛同している、3 どちらとも
いえない、2 あまり賛同していない、1 全く賛同していない、「実践の程度」は、
5 とても実践している、4 少し実践している、3 どちらともいえない、2 あまり
実践していない、1 全く実践していない、「効力の程度」は、5 とても良かった
と感じている、4 少し良かったと感じている、3 どちらともいえない、2 あま
り良かったと感じていない、1 全く良かったと感じていない、「困難の程度」は、
5 とても困難を感じている、4 少し困難を感じている、3 どちらともいえない、
2 あまり困難を感じていない、1 全く困難を感じていない、のそれぞれ 5 件法
で回答し、その数字を選択するようにした。
　アンケート回答の数量的検証から「Ａ消極的生徒指導」「Ｂ校内連携」「Ｃ校

外連携」実践状況の相互の関連を検討し、教師集団の差異についても検討する。

第3節 調査結果

1 研究結果1

(1) アンケート質問項目

　生徒指導に関する用語は、ひとつの語や表現が多くの意味をもつなど多義性が特徴的であり、指導の方向性を示す空体語と現実的な実践を示す実体語に分かれると石田（2003）は説明している。本研究では、教師にとっての現実をとらえた実体語、つまり広く学校現場で共有されている用語に着目し、大学で生徒指導論を担当する教師と中学校教師の2名で、消極的生徒指導と校内連携・校外連携の関係項目を収集し、字句の修正等を行った。それらの質問項目は、次のようになる。消極的生徒指導は、「生徒指導は、基本的生活習慣や日常的な生活について指導すべきである」「生徒指導は、遅刻や校則の指導をすべきである」「生徒指導は、反社会的な問題傾向がある児童生徒への指導をすべきである」「生徒指導は、いじめ問題・不登校問題への対応をすべきである」の4項目である。校内連携については、学年・生徒指導部などの組織運営は個別学校によって担当分掌の扱いが異なることが予想され、教職員の日常的な協力関係に関する記述を採用した。校内連携は、「生徒指導は、教師全員で一致協力して指導すべきである」「生徒指導は、教師全員が共通した指導をすべきである」「生徒指導は、教育の領域ではなく教師全員が行うすべての教育活動での機能である」の3項目である。校外連携は、「生徒指導は、保護者との連携を図りながら実践すべきである」「生徒指導は、地域との連携を図りながら実践すべきである」「生徒指導は、専門機関との連携を図りながら実践すべきである」の3項目である。

調査対象：86名（回収率87.7%）回答。教職経験の平均18.4年、教職経験5年以内10名、5年〜10年19名、11年〜15年16名、16年〜20年12名、21年〜25年11名、26年〜30年9名、31年以上9名、計86名。男55名、女31名。生徒指導主任などの教諭53名、養護教諭18名、管理職11名、その他実習助手等4名。担当分掌は、主に生徒指導部（生徒指導部のなかの教育相談委員会も含む）。各校から2名以上参加、生徒数が200名以下20校、201〜500名10校、501名以上13校。

表3　教師の職名と教職経験

教職経験	教師の職名（男性55名、女性31名）				
	教諭	養護教諭	管理職	その他	計
1〜5年	7	3	0	0	10
6〜10年	15	4	0	0	19
11〜15年	14	2	0	0	16
16〜20年	7	4	1	0	12
21〜25年	7	1	1	2	11
26〜30年	1	4	4	0	9
31年以上	2	0	5	2	9
計	53	18	11	4	86

(2) 教師属性・学校属性と校内体制のカテゴリー得点

①各尺度得点（表4参照）

　消極的生徒指導の賛同度4項目を主成分分析した結果、それぞれの負荷量は.65以上、実践度4項目の負荷量は.58以上、効力度4項目の負荷量は.64以上、困難度4項目の負荷量は.73以上となり、それぞれ一因子性が確認された。各カテゴリーで4質問項目の合計を4で除したものを消極生徒指導における賛同度・実践度・効力度・困難度とした（得点1〜5）。

②校内連携の賛同度・実践度・効力度・困難度の各尺度得点

　校内連携の賛同度3項目を主成分分析した結果、それぞれの負荷量は.55以上、実践度3項目の負荷量は.67以上、効力度3項目の負荷量は.78以上、困難度3項目の負荷量は.80以上となり、それぞれ一因子性が認められた。各カテゴリーで3質問項目の合計を3で除したものを校内連携における賛同度・実践度・効力度・困難度とした（得点1～5）。

③校外連携の賛同度・実践度・効力度・困難度の各尺度得点

　校外連携の賛同度3項目を主成分分析した結果、それぞれの負荷量は.60以上、実践度3項目の負荷量は.69以上、効力度3項目の負荷量は.73以上、困難度3項目の負荷量は.79以上となり、それぞれ一因子性が認められた。各カテゴリーで3質問項目の合計を3で除したものを校外連携における賛同度・実践度・効力度・困難度とした（得点1～5）。

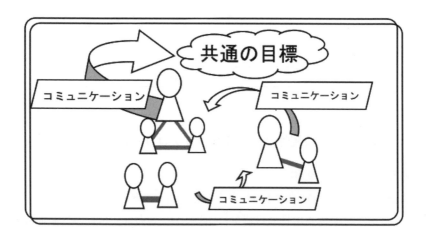

表 4　各尺度得点

質問項目	賛同度	共通性	実践度	共通性	効力度	共通性	困難度	共通性
＜消極的生徒指導＞								
生徒指導は、基本的な生活習慣や日常的な生活について指導すべきである	.65	.43	.59	.34	.64	.41	.73	.54
生徒指導は、遅刻や校則の指導をすべきである	.64	.41	.87	.76	.85	.71	.87	.76
生徒指導は、反社会的な問題傾向がある児童生徒への指導をすべきである	.79	.62	.89	.79	.83	.70	.84	.70
生徒指導は、いじめ問題・不登校問題への対応をすべきである	.83	.68	.86	.75	.85	.72	.83	.69
4 項目での寄与率（%）	53.59		66.06		63.58		67.06	
4 項目での尺度得点平均値（SD）、α 係数	4.54(.58)	α = .67	4.00(.93)	α = .83	3.79(.91)	α = .81	3.34(1.14)	α = .84
＜校内連携＞								
生徒指導は、教師全員で一致協力して指導すべきである	.76	.51	.87	.68	.87	.67	.90	.80
生徒指導は、教師全員が共通した指導をすべきである	.71	.58	.82	.77	.82	.76	.89	.79
生徒指導は、教育の領域ではなく教師全員が行うすべての教育活動での機能である	.60	.30	.69	.45	.78	.62	.80	.65
3 項目での寄与率（%）	46.20		62.95		68.33		74.76	
3 項目での尺度得点平均値（SD）、α 係数	4.65(.46)	α = .40	3.82(.81)	α = .70	3.82(.90)	α = .76	3.34(1.00)	α = .82
＜校外連携＞								
生徒指導は、保護者との連携を図りながら実践すべきである	.70	.49	.90	.48	.88	.69	.85	.72
生徒指導は、地域との連携を図りながら実践すべきである	.84	.70	.85	.80	.83	.78	.85	.72
生徒指導は、専門機関との連携を図りながら実践すべきである	.85	.71	.69	.71	.73	.53	.79	.62
3 項目での寄与率（%）	63.55		66.42		66.44		68.67	
3 項目での尺度得点平均値（SD）、α 係数	4.75(.42)	α = .67	3.55(.97)	α = .74	3.53(.93)	α = .74	3.34(.97)	α = .77

2　研究結果 2

　職種において「その他実習助手など 4 名」は、サンプル数が少ないため省いた。以下、教師属性・学校属性と各得点の比較を検討した。教師の個人属性としての性差、学校の属性としての生徒数（学校規模）の有意差はなかったので提示していない。有意差のあるものを表として提示した。

(1)　各要因の職種別・教職経験別の平均値の比較

①職種別の比較

　職種の有意差は 5 カテゴリーにあり、消極的生徒指導・実践度（F = 7.07, p < .001)、消極的生徒指導・効力度（F = 7.34, p < .001)、校内連携・実践度（F = 4.34, p < .01)、校内連携・効力度（F = 2.83, p < .05)、校外連携・実践度（F = 5.92, p < .001)。多重比較（Tukey 法）の結果、消極的生徒指導・実践度（教諭・管理職＞養護教諭）、消極的生徒指導・効力度（管理職＞教諭＞養護教諭）、校内連携・実践度（管理職・教諭＞養護教諭）、校内連携・効力度（管理職＞養護教諭）、校外連携・実践度（管理職＞教諭・養護教諭）。管理職・教諭が養護教諭よりも、消極的生徒指導を実践し、管理職、教諭、養護教諭の順に効力度を高く評価する傾向が認められた。同じく管理職が教諭・養護教諭よりも、校内連携・校外連携を実践している傾向が認められた。

②教職経験の比較

　教職経験の有意差は 3 カテゴリーにあり、校内連携・実践度（F = 2.63, p < .01)、校内連携・効力度（F = 2.60, p < .01)、校外連携・実践度（F = 3.41, p < .01)。多重比較（Tukey 法）の結果、校内連携・実践度（6 〜 20年, 26 〜 30年＜ 31 年以上）、校内連携・効力度（16 〜 20 年以内＜ 31 年以上）、校外連携・実践度（5 〜 10年＜ 31 年以上）。31 年以上の教職経験の長い教師は、新任教師・中堅教師よりも校内連携・校外連携を実践し高く評価していた。

(2) 各要因の相関

　各要因の相関を求めている。

①教職経験・生徒数と各要因

　やや弱い相関（r＞.30）が見られたのは、教職経験と校外連携・実践度（r = .38）、教職経験が長いほど校外連携を展開していることがうかがわれた。生徒数には相関が見られなかった。

②各要因間の相関（表5参照）

　（ア）消極的生徒指導においては、賛同度と実践度（r = .40）、賛同度と効力度（r = .50）が中程度の相関を示し、実践度と効力度（r = .81）が高い相関を示した。

　（イ）消極的生徒指導の実践度については、校内連携・賛同度（r = .32）、校内連携・実践度（r = .54）、校内連携・効力度（r = .56）、それぞれ中程度の相関を示した。同じく校外連携・実践度（r = .52）、校外連携・効力度（r = .53）、それぞれ中程度の相関を示した。（ウ）消極的生徒指導の効力度については、校内連携・実践度（r = .50）、校内連携・効力度（r = .52）、それぞれ中程度の相関を示した。校外連携・実践（r = .46）、同じく校外連携・効力度（r = .54）、それぞれ中程度の相関を示した。（エ）消極的生徒指導の困難度と校内連携・困難度（r = .65）、同じく校外連携・困難度（r = .63）、それぞれ中程度の相関を示した。（オ）校内連携の賛同度については校内連携・実践度（r = .37）、校内連携・効力度（r = .44）、それぞれ中程度の相関を示した。校外連携・賛同度（r = .36）、校外連携・実践（r = .29）、同じく校外連携・効力度（r = .25）、それぞれ弱い相関を示した。（カ）校内連携の実践度については校内連携・効力度（r = .85）、強い相関を示した。校外連携・実践度（r = .67）、校外連携・効力度（r = .64）、それぞれ中程度の相関を示した。

　（キ）校内連携の効力度については校外連携・実践度（r = .52）、校外連携・

効力度（r = .60）、それぞれ中程度の相関を示した。（ク）校内連携・困難度と校外連携・困難度（r = .66）は中程度の相関を示した。（ケ）校外連携の賛同度について校外連携・実践度（r = .24）、校外連携・効力度（r = .24）に弱い相関を示した。（コ）校外連携・実践度は校外連携・効力度（r = .82）に強い相関を示した。

表5　各要因間の相関

	消極・賛同度	消極・実践度	消極・効力度	消極・困難度	校内・賛同度	校内・実践度	校内・効力度	校内・困難度	校外・賛同度	校外・実践度	校外・効力度	校外・困難度
消極・賛同度	1.00	.40**	.50**	.14	.07	.22*	.15	-.02	.36	.25*	.23	-.01
消極・実践度		1.00	.81**	.27*	.32**	.54**	.56**	.18	.21	.52**	.53**	.14
消極・効力度			1.00	.22*	.20	.50**	.52**	.08	.26	.46**	.54**	.11
消極・困難度				1.00	-.16	-.06	.00	.65**	.06	-.17	-.04	.63**
校内・賛同度					1.00	.37**	.44**	-.09	.36**	.29**	.25*	-.08
校内・実践度						1.00	.85**	-.12	.15	.67**	.64**	-.08
校内・効力度							1.00	-.07	.14	.52**	.60**	-.05
校内・困難度								1.00	.03	-.03	.03	.66**
校外・賛同度									1.00	.24*	.24*	.20
校外・実践度										1.00	.82**	-.11
校外・効力度											1.00	.01
校外・困難度												1.00

*p＜.05　**p＜.01　校内連携を校内、校外連携を校外、とそれぞれ短縮して表記している。

(3)「質問項目に着目した回答結果の分類」(表 6・表 7 参照)

　先行研究より消極的生徒指導の教師イメージの相違（肯定的・中立的・否定的）による教師集団の差異が予想されるので、消極的生徒指導の実践度の回答分布を Z 得点に換算した結果、3 つに分類された。消極的生徒指導（実践度）得点の高い順に、H 群（n = 29）M 群（n = 24）L 群（n = 33）とした。それら 3 群と「生徒指導は、基本的生活習慣や日常的な生活について指導すべきである」他 4 項目の実践度回答を分散分析（多重比較 Tukey 法）した結果、それぞれの質問項目の回答結果（平均値）に差異が認められた。

①消極的生徒指導・実践度の 3 分類

　消極的生徒指導の実践度の 3 分類、H 群・M 群・L 群は、同じく賛同度・効力度においても次のように差異が認められた（多重比較 Tukey 法）。消極的生徒指導・賛同度（F = 8.04, p < .001）L 群＜ H 群、消極的生徒指導・実践度（F = 115.0, p < .001）L 群＜ M 群＜ H 群、消極的生徒指導・効力度（F = 39.76, p < .001）L 群＜ M 群＜ H 群、と 3 分類の差異が認められた。困難度には差異が認められなかった。

② 3 分類と校内連携・校外連携の関係

　消極的生徒指導の実践度の 3 分類、H 群・M 群・L 群は、校内連携・校外連携においても次のような差異が認められた（多重比較 Tukey 法）。校内連携・実践度（F = 11.80, p < .001）L 群＜ M 群・H 群、校内連携・効力度（F = 13.09, p < .001）L 群・M 群＜ H 群、校外連携・実践度（F = 14.62, p < .001）L 群＜ M 群＜ H 群、校外連携・効力度（F = 12.69, p < .001）L 群・M 群＜ H 群、と 3 分類の差異が認められた。困難度には差異が認められなかった。

表 6　質問項目に着目した回答結果の分類

	人数	消極的・賛同度		消極的・実践度		消極的・効力度		消極的・困難度	
		平均値	標準偏差	平均値	標準偏差	平均値	標準偏差	平均値	標準偏差
消極的・実践 H 群	29	4.83	0.32	4.89	0.12	4.57	0.60	3.44	1.21
消極的・実践 M 群	24	4.55	0.39	4.25	0.20	3.85	0.45	3.53	1.00
消極的・実践 L 群	33	4.28	0.74	3.04	0.75	3.07	0.80	3.11	1.17
F 値		8.04***		115.07***		39.76***		1.15	
多重比較		L 群＜H 群		L 群＜M 群＜H 群		L 群＜M 群＜H 群			

	人数	校内連携・賛同度		校内連携・実践度		校内連携・効力度		校内連携・困難度	
		平均値	標準偏差	平均値	標準偏差	平均値	標準偏差	平均値	標準偏差
消極的・実践 H 群	29	4.80	0.27	4.29	0.69	4.37	0.65	3.54	1.18
消極的・実践 M 群	24	4.62	0.42	3.87	0.67	3.83	0.74	3.38	1.00
消極的・実践 L 群	33	4.55	0.58	3.39	0.77	3.34	0.92	3.15	1.03
F 値		2.43+		11.80***		13.09***		0.98	
多重比較				L 群＜M 群、H 群		L 群、M 群＜H 群			

	人数	校外連携・賛同度		校外連携・実践度		校外連携・効力度		校外連携・困難度	
		平均値	標準偏差	平均値	標準偏差	平均値	標準偏差	平均値	標準偏差
消極的・実践 H 群	29	4.83	0.34	4.16	0.73	4.10	0.80	3.26	1.00
消極的・実践 M 群	24	4.73	0.31	3.59	0.79	3.54	0.67	3.52	0.99
消極的・実践 L 群	33	4.70	0.53	2.98	0.97	3.04	0.94	3.29	0.93
F 値		0.80		14.62***		12.69***		0.55	
多重比較				L 群＜M 群＜H 群		L 群、M 群＜H 群			

+ ＜ .10、　　***p ＜ .001

表 7　質問項目に着目した回答結果の職種別の分類

	人数	教諭	消極・賛同	養護教諭	消極・実践	管理職	消極・効力	その他	消極・困難
消極的・実践 H 群	29	19	4.86	1	5.00	8	4.94	1	5.00
消極的・実践 M 群	24	18	4.24	5	4.25	1	4.50	0	なし
消極的・実践 L 群	33	16	3.14	12	2.77	2	3.75	3	3.17

	人数	教諭	校内・賛同	養護教諭	校内・実践	管理職	校内・効力	その他	校内・困難
消極的・実践 H 群	29	19	3.97	1	4.50	8	4.50	1	4.00
消極的・実践 M 群	24	18	3.81	5	3.60	1	4.50	0	なし
消極的・実践 L 群	33	16	3.22	12	3.38	2	4.50	3	3.83

	人数	教諭	校外・賛同	養護教諭	校外・実践	管理職	校外・効力	その他	校外・困難
消極的・実践 H 群	29	19	3.93	1	4.00	8	4.71	1	4.33
消極的・実践 M 群	24	18	3.54	5	3.53	1	5.00	0	なし
消極的・実践 L 群	33	16	2.87	12	2.89	2	3.67	3	3.56
合計	86	53		18		11		4	

＊校内連携を校内、校外連携を校外、とそれぞれ短縮して表記している

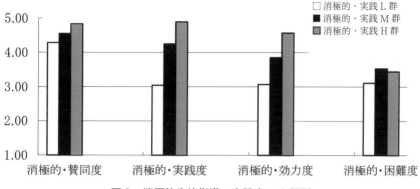

図1　消極的生徒指導・実践度の3類型

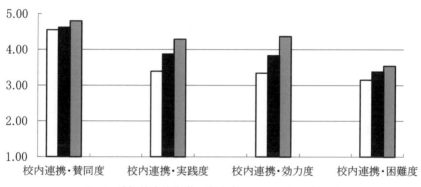

図2　消極的生徒指導・実践度の3類型と校内連携

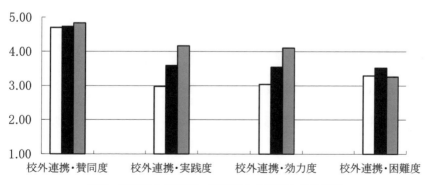

図3　消極的生徒指導・実践度の3類型と校外連携

3　結果のまとめと考察

(1)　各カテゴリーの賛同度

　消極的生徒指導（平均4.54）、校内連携（平均4.66）、校外連携（平均4.76）において、どの項目の賛同度も高い得点傾向を示した。生徒指導上の様々な問題に直面する教師にとって、各項目は校内体制における実践上の目標として賛同されていることがわかる。地域・保護者への対応は教師のストレスであるという報告（高木, 2001）から、教師は校外連携のストレスを実際は感じながらも、教職のもつ役割期待や使命感という側面から賛同していることがうかがわれる。

(2)　教師属性・学校属性と各得点の差異

　性差は認められなかった。

　教職経験と校外連携・実践度に相関が認められた。職種と消極的生徒指導の実践度・効力度、校内連携の実践度・効力度、校外連携の実践度と有意差があった。教職経験の一部と校内連携の実践度・効力度、校外連携の実践度に有意差があった。生徒数（学校規模）と消極的生徒指導・効力度に正の弱い相関が認められ、学校規模が大きいほど教師は消極的生徒指導に効力を感じている。生徒指導機能を学校規模別に分析した八並（1996）は、小規模校では生徒指導体制の充実度が高いと報告しており、小規模校の消極的生徒指導の効力度の高さが予想されるが、本研究では異なる結果となった。八並（1994）のいうように地域特性の差異が大きく影響している可能性がある。

(3)　消極的生徒指導の実践度による3類型

　消極的生徒指導の実践度の高い順にH群・M群・L群による3類型は、消極的生徒指導の他の2カテゴリー（賛同度・効力度）にも差異が見られた。同じく校内連携の実践度・効力度、校外連携の実践度・効力度にも差異が見られた。具体的には調査した教諭・養護教諭・管理職の3職種において3要因への賛同

度は高いが、実践度・効力度になると職種の差異が表れている。管理職は教諭
や養護教諭よりも消極的生徒指導・校内連携・校外連携という校内体制に関わ
る実践度が高いと回答している。このことは教職経験にも関連する。教職経験
31年以上の教師は管理職である可能性が高く、校内連携の実践度・効力度、
校外連携の実践度において教職経験31年以上の教師が、新任教師や中堅教師
よりも高い得点傾向を示す。このような職種による得点の大まかな傾向が示さ
れた。なお管理職が教師よりも日常の教育活動全般（モチベーション、役割行動
など）を肯定的に評価する傾向があるという報告（淵上, 2002）もあるので今後
も検討する必要がある。

　次に消極的生徒指導と校内連携・校外連携における賛同度・実践度の各得点
は相関関係にあり、実践度・効力度に着目すれば消極的生徒指導の低群教師が、
校内連携においても低得点傾向、校外連携においても低得点傾向になることが
わかった。このような傾向は同じく消極的生徒指導（実践度・効力度）の高群
教師の校内連携・校外連携の得点傾向においても見られた。高群、中群、低群
のそれぞれの得点傾向において関係が逆転することはなかった。消極的生徒指
導をよく実践し効力感を感じている教師は、校内連携・校外連携もよく実践し
効力感を感じている。

　表7よりH群（管理職8名・養護教諭1名・教諭19名）には管理職以外に20
名の一般教諭が構成されていることがわかる。管理職以外の教師20名もH群
として校内体制の得点が高い。H群の教師は、L群（管理職1名・養護教諭5
名・教諭18名）よりも校内体制における実践度が高いと評価し、その中間にM
群（管理職2名・養護教諭12名・教諭16名）が位置している。前述の管理職の
高得点傾向に加えて、一般教諭の高得点者がいること、高得点者以外の教諭も
中得点者・低得点者にわかれること、つまり校内体制の3要因における教師認
識や教師実践は3つに分かれていることが明らかになった。

第4節　総合的考察

　本研究では校内で機能するシステムを検討するため生徒指導体制における3つの枠組（A消極的生徒指導、B校内連携、C校外連携）の関係から教師認識を検討してきた。

(1) キーパーソンの存在

　限られたデータの解釈という意味で限界はあるが、管理職の得点が教諭・養護教諭に比較して3要因で高得点傾向であることから、管理職のリーダーシップが校内体制において発揮されている。

　しかし、消極的生徒指導・実践度のH群には管理職以外の教諭20名も含まれており、いわゆる主任クラスの教諭が校内体制において影響している可能性も認められた。校内において機能するシステムとして主任クラスの教師の活躍が想定できる。これらの教師の活躍をキーパーソンとして捉えることができる。キーパーソンとは何か、その研究はこれからであるが浅野（2006）は、管理職以外で同僚に対して影響力を発揮して信頼されている教師をキーパーソンと呼び、①キーパーソンは知識・情報を多くもち、仕事を進める上で影響力を発揮している、②管理職とのコミュニケーションが密で、相互関係がうまくいっている、③同僚がキーパーソンに対して、相談したり仕事の進め方を教わったりしている、と3つの役割を説明している。

　主任クラスの教師がすべてキーパーソンとして影響力を発揮できるとは限らないが、富山（1999）のいうキーパーソンの活動状況が、校内体制において大きく関連している可能性がある。参考事例として、いじめ問題に対する教師対応を保護者に調査した結果（秦, 1999）、「あまり対応してくれなかった」「何もしてくれなかった」の回答者の割合は、養護教諭の対応14.7％、生徒指導部の対応20.5％、校長・教頭の対応20.3％となっている。責任ある立場や役割においても保護者から対応不備が指摘されている背景には、いわゆる校内において

機能するシステムの不備、具体的には主任クラスのキーパーソンの役割がうまく展開されていなかったことも考えられる。

(2) 職種や心理要因　多面的に認識されたシステム

　大まかな職種の得点傾向も明らかになった。職種における教師認識について、瀬戸美奈子・石隈 (2003) は、生徒指導主任が役割上の権限により中心的な役割を担っていることを報告し、「生徒の問題に対応するとき、立場上、自分が判断する裁量が大きい」など公的な職種（教師役割の体系）がシステムの要因のひとつとして考えられる。

　他方、生徒指導上の問題が発生したときは被援助志向性（田村・石隈, 2001）という教師に特有な心理特性の影響がある。心理特性のひとつとして「周囲に迷惑をかけたくないという意識から、問題を抱え込むケースが多い（曽余田, 2003）」という「極度の遠慮、防衛的態度、相互不干渉（根布屋, 2006）」になりがちな心理特性があり、本研究でいう消極的生徒指導の教師認識にみる差異として表出している可能性がある。これらの心理特性は教師の組織文化論として報告されており、組織文化論としてみたシステムの一面が考えられる。

　組織文化論による報告は示唆に富んでいるが、そもそも組織文化とは何かなど議論の幅が広いので整理することが必要である。組織文化（伊丹・加護野, 2005）を抽象的レベルとしての①価値観（何が大切か）、②パラダイム（認識と思考のパターン）、具体的レベルとしての③行動規範を枠組とすると、本研究は「生徒指導は…すべきである」など③行動規範に着目している。

　上杉 (2003) は屈強な生徒指導主任という分掌担当者の教師イメージが散見されることから、暗黙のうちに生徒指導の守備範囲が分かれていることを指摘し、両生徒指導（消極的生徒指導・積極的生徒指導）が対立的関係になっていることも報告されている（尾木, 2001）。生徒指導における指導イメージの共有という①価値観、②パラダイム、からみたシステムの検討も必要である。組織文化論からの検討は研究上の困難や課題も見逃せないが、実践上の意義は今後も期待されるものであり機能するシステムの一面として重要であろう。

　学校において機能するシステムを本研究では、生徒指導体制の教師認識という観点から検討した。生徒指導体制の在り様は、小・中・高校などの学校段階、学校の規模や地域の状況等によって違いはあるが、しっかりした生徒指導体制の確立、つまり学校において恒常的・継続的に機能するシステムの構築は、どの学校においても問われている共通の課題である。生徒指導体制の構築は、①生徒指導体制の見直し、②生徒指導の運営方針の見直し、など繰り返し提言されており（生徒指導研究センター, 2006）、具体的な検討が必要である。

　研究上の課題として本研究は、A県のB地区生徒指導連絡協議会の協力を得て、協議会参加者に調査を依頼した。調査対象は、生徒指導主任など生徒指導の責任者や生徒指導にかかわる組織に所属する教師、学校管理職など生徒指導実践への関与や理解が一定以上は認められる教師などが対象と考えられる。研究上の課題としては、サンプル数が少ないという点が課題になる。また、同協議会に参加しない教師という統制群との比較をしていないことで、一般化するには限界があるが、学校の組織運営において有機的に機能するシステムの教師認識や教師行動を数量的に検討するという意味で、今後の教育実践におけるひとつの方向性を示している。他に、本研究の今後の課題として、八並（1994；1996）の指摘するように具体的な学校組織要因、地域特性などの複数の観点からも検討する必要がある。また、今後、インタビュー調査など質的研究もあわせて行う必要がある。

〈注〉
(1)　システムとは、いまだ明確に定義されていないが、広辞苑（第五版）によれば「複数の要素が有機的に関係しあい、全体として有機的に機能を発揮している要素の集合体。組織。系統。仕組み。」と説明されている。学校心理学（石隈, 2006）では心理教育的援助サービスの3層システムとして、①個別のチーム援助コーディネーション、②校内支援委員会などを通した学校・地域レベルのコーディネーション、③管理職・運営委員会によるマネジメント、を挙げている。
(2)　体制とは、広辞苑（第五版）によれば①生物における器官の配置の基本形式、分化状態、それらの相互関係、②社会組織の構造や様式、③政治支配の形式。校内体制など、学校現場では教師の活動の組織的な側面を強調する際に用いられる。他に、協働態勢という表記

があり、態勢という用語は「物事に対する構えや状態」として用いられている。

(3) 本研究では、生徒指導には消極的目的と積極的目的の二つがあるという考え（文部省，1981）から、前者を消極的生徒指導、後者を積極的生徒指導として犬塚（2002）の「生徒指導の形態分類」を参考に定義した（表1参照）。具体的には、消極的生徒指導は、①安全確保のための管理、②決まりの遵守、積極的生徒指導は、①個性・良さ・持ち味の開発援助、②発達課題への支援、と考えている。

［引用文献］

浅野良一　2006　フラット型組織におけるマネジメントの留意点　木岡一明（編）No.3 学校の組織マネジメント能力の向上　教育開発研究所　178-181.

淵上克義　2002　校長の自己評価と教師評価のズレ（調査7）リーダーシップの社会心理学　ナカニシヤ出版　81-85.

秦政春　1999　いじめ事件がおきたときに連携を図るリーダーシップ―小学校―　新井邦男（編）No.6 教職員の新しい関係づくり　教育開発研究所　196-197.

家近早苗・石隈利紀　2003　中学校における援助サービスのコーディネーション委員会に関する研究　教育心理学研究, 51, 230-238.

井上正明　1993　教師の認知的力量と情意的力量の評価に関する教育心理学的研究　風間書房　32-33.

犬塚文雄　1995　臨床的生徒指導の特質と機能―TOS から COS への変革をめざして―　学校教育研究, 10, 59-72.

犬塚文雄　2002　生徒指導の機能統合に関する一試論―「臨床生徒指導」の視点から―　生徒指導学研究, 1, 11.

石田美清　2003　第4回　生徒指導学会　課題研究Ⅱ「カリキュラム開発と生徒指導」発表資料

石隈利紀　1999　学校教育のサービス・システム　学校心理学　誠信書房　13-14.

石隈利紀　2006　学校心理学の領域と学習課題およびキーワード　学校心理士資格認定委員会（編）学校心理学ガイドブック　風間書房　24-33.

伊丹敬之・加護野忠男　1989　経営理念と組織文化　ゼミナール経営学入門　日本経済新聞社　345-370.

国立政策研究所生徒指導研究センター　2006　生徒指導体制のあり方についての調査研究―規範意識の醸成を目指して―（報告書）

久冨善之　2003　教員文化の日本的特性―歴史, 実践, 実体の探求を通じてその変化と今日的課題を探る―　多賀出版　3-5.

松尾忠正　1999　非行問題が起きたときに連携を図るリーダーシップ―中学校―　新井邦男（編）No.6 教職員の新しい関係づくり　教育開発研究所　215-219.

松下静男　2003　生徒指導の組織　高橋一（編）新訂版　生徒指導の理論と実践　学文社　36-39.

文部省　生徒指導の手引き（改訂版）　1981

根布屋由規　2006　「組織マネジメント」の必要性をいかに受け止めているか―中学校―　木岡一明（編）学校の"組織マネジメント能力"の向上　教育開発研究所　20-23.

尾木和英　2001　日本生徒指導学会設立記念シンポジウム　あらためて生徒指導を問う〜何をなし得たか, 何をなし得るか〜　月刊生徒指導　学事出版　8月号

落合美貴子　2003　教師バーンアウトのメカニズム―ある公立中学校職員室のエスノグラフィー―　コミュニティ心理学研究, 6（2）, 72-89.

相樂直子・石隈利紀　2005　教育相談のシステム構築と援助サービスに関する研究―A中学校の実践を通して―　教育心理学研究, 53, 579-590.

瀬戸美奈子・石隈利紀　2002　高校におけるチーム援助に関するコーディネーション行動とその基盤となる能力および権限の研究　教育心理学研究, 50, 204-214.

曽余田浩史　2003　受容的・支持的な組織風土・組織文化づくり　木岡一明（編）No.2学校の組織設計と協働態勢づくり　教育開発研究所　77-80.

嶋崎正男　2007　これからの生徒指導体制―「問題行動を起こす児童生徒に対する指導について（通知）」を受けて」―　月刊生徒指導　学事出版　5月号　22-25.

田村修一・石隈利紀　2001　指導・援助サービス上の悩みにおける中学校教師の被援助志向性に関する研究―バーンアウトとの関連に焦点をあてて―　教育心理学研究, 49, 438-448.

高木亮　2001　教師の職務ストレッサーから見た学校改善に関する研究　日本教育経営学会紀要, 43, 66-77.

茅野理恵　2004　中学校における不登校生徒の再登校および学級復帰へのチーム援助の実践―中間学級の設置・運営を通して―　学校心理学研究, 4, 15-26.

富山謙一　1999　ある学級に問題が生まれたときに連携を図るリーダーシップ―中学校―　新井邦男（編）No.6教職員の新しい関係づくり　教育開発研究所　190-195.

辻畑信彦　1993　生徒指導と学校　秋山俊夫（監修）高山厳・松尾祐作（編）図説生徒指導と教育臨床―子どもの適応と健康のために―　北大路書房　28-30.

上杉賢士　2003　カリキュラム論からのアプローチ―チャータースクールからの示唆―　生徒指導学研究, 2, 17-26.

柳生和男　2002　教師の免疫性と活動促進性の相互関係に関する一考察―千葉県における生徒指導教師群と教育相談教師群の比較による検証―　生徒指導学研究, 1, 96-105.

八並光俊　1994　生徒指導における学校組織要因の分析　片岡徳雄（編）現代学校教育の社会学　福村出版　108-121.

八並光俊　1996　公立中学校における生徒指導体制と生徒指導機能の学校規模別分析　兵庫教育大学研究紀要　93-103.

八並光俊　2006　応用実践期におけるチーム援助研究の動向と課題―チーム援助の社会的ニーズと生徒指導の関連から―　教育心理学年報第45集　125-133.

第8章

生徒指導体制の総合的な研究3
不登校生徒におけるチーム援助の検討
—学校組織特性と被援助志向性に着目して—

要　旨

　本研究においては不登校生徒へのチーム援助活動の内容に着目し、学校組織特性との関連を明らかにする。学校組織特性とは、教師集団の凝集性や一体感の醸成に働きかけるものを指し、所属する教師集団の「協働性」「学習充実」「職場満足」等の認知と関連している。次に、連携行動に影響を与える教師個人レベルの要因のひとつとして、教師の被援助志向性との関連を検討する。そして、チーム援助の活動内容と教師の認知している学校組織特性及び被援助志向性との関連を明らかにすることで教師の協働の実際を検討し、不登校生徒への対応について提言している。

【キーワード】不登校生徒、チーム援助、学校組織特性、被援助志向性

第1節　問題と目的

　学校現場において教師が生徒の不登校、いじめ、非行等、多様な心理的問題に直面していることは、今日では広く知られている。このような状況の中で、個々の担当教師だけが問題を「抱え込む」だけでは、その解決は図り得なくなってきている。しかし、学校現場において教師同士が話し合う機会は減少しており、孤立化していることがコミュニティ心理学の観点から報告されている（落合, 2003）。校内暴力等の学校全体を揺るがすような問題が生じたときは、教師は結束して対応するが、それ以外の不登校やいじめ等の問題は担当教師が一人で対応すべき個別の問題として学校現場では捉えられている。このような状況で教師は疲弊しており、その原因としては複数の要因が考えられる。

　教師バーンアウトの要因として、落合（2003）は次の5点を挙げている。①職務構造と教師文化、②官僚制化によるアイデンティティの揺らぎ、③組織防衛による行動規範の外在化と家庭療育機能の代替、④生徒指導の困難さと教育技術のギャップ、⑤教師の協働と相互サポートの衰退、である。本研究では、⑤教師の協働と相互サポートの衰退に着目したい。担当教師のみが孤軍奮闘し、教師の協働やサポートが自然には生じない状況を具体的に検討する必要があると考えられるからである。

　直面する学校現場の病理現象に対し、学校全体を「生きたコミュニティ」（村山, 1999）としてとらえ、新たな学校コミュニティ理解が必要となる（伊藤, 2001；鵜養, 1995；鵜養・鵜養, 1997）。学校現場の抱える多様な問題に対応するために、教師集団のコミュニケーションを向上させること（Orford, 1997）や組織内のコミュニティ感覚を増進することが求められており（Duffy & Wong, 1996）、いわゆる教師の協働体制の形成が重要である。

　しかし、近年、教師の協働という言葉が、学校現場の抱える諸問題に対して中心的なスローガンになる背景には、皮肉ではあるが、それが形成できていないという理解も可能である。教師の協働を単なるスローガンに終わらせないた

めにも、教師の協働の現状を具体的に検討する必要がある。

　不登校やいじめ等の問題の対応においては、教師の協働やサポートは自然に
は生じない。その結果、教師は疲弊している（落合, 2003）。先行研究によれば
高校教師が過去 1 年間に体験した困難の比率（%）において最も上位に位置し
ているのは「不登校生徒への対応が困難である（44.0%）」であり（小島, 2002）、
高校教師の不登校生徒対応の困難による疲弊に焦点化すれば、教師の協働の実
際を検討することが可能であると考えられる。文部科学省によれば不登校は、
依然として憂慮すべき状況にあり（文部科学省, 2004）、高校段階での取り組み
が不十分であったことが指摘されている（不登校問題に関する調査研究協力者会
議, 2003）。高校における不登校の問題は、中途退学の問題とも関連している可
能性があり、平成 16 年度に私立高校も合わせた全国の不登校者数は 67, 500 人
（生徒 55 人に 1 人）になっており、その内の約 40%が高校中途退学者となって
いる（文部科学省, 2005）。本研究では、文部科学省の報告にならい不登校とは、
「何らかの心理的、情緒的、身体的、あるいは社会的要因・背景により、児童
生徒が登校しないあるいはしたくともできない状況にあること（ただし、病気
や経済的な理由によるものを除く）」を示し、不登校生徒とは「不登校を理由と
して年間 30 日以上欠席した生徒」を指す（文部科学省, 2004）。

　ところで、従来より、不登校生徒の対応においては担任教師をはじめ養護教
諭や教科担任など、教師の連携を基盤にした校内体制の確立が必要であると言
われ、教師の連携という表現が使われてきた。しかし近年は、教師の連携とい
う用語とともに教師の「協働、及び協働性」という用語もみられるようになっ
た。連携と「協働、及び協働性」は、学校現場の実践において内容的に重なる
用語として用いられている。各用語の定義に関しては、様々な議論があり今後
検討が必要であるが[1]、本研究では、協働という用語を採用した。連携と協
働は具体的な目標に対しての教師行動を示し、教師の協働性は教師集団のもつ
特性のひとつであり、いわゆるチームワークのよさと考えている。

　また、問題行動への対応をより具体化した石隈（1999）は、チーム援助とい
う用語で具体的な対応策を説明している。スクールカウンセラー（以下 SC）

と教師によるチーム援助の実践についてはその成果が報告されており（田村，2003）、SC・教師連携の影響要因や連携のためのコーディネーションの現状についても研究成果が報告されている（伊藤，1999；瀬戸，2000；2003a；瀬戸・石隈，2002）。しかし、現在のところ学校現場のSC配置校数は十分と言えず、SC未配置校においては、まず教師同士が日常的にどのように連携して対応するかというチーム援助活動の内容が生徒への援助の鍵をにぎると言えよう。本研究でも不登校生徒の具体的対応に関してはチーム援助という用語を採用した。教師の協働の現状を検討するため、不登校生徒へのチーム援助という連携行動に着目している。

　学校現場の抱える問題に対して、教師の協働が声高に叫ばれている一方、教師文化の一側面として、教師は「人を教え導く」立場として、疲れを口にしたり、人から援助を受けることは恥であるという教師特性が指摘されている（落合，2003）。このことは、生徒指導における独特な教師行動として挙げられ、担当教師の閉鎖的指導のため（岸田，1996；中山，1991）、連携が円滑になされていない（飯田，2002）。また、生徒指導における教師行動は所属する教師集団のもつ組織文化に影響を受けていることが報告されている。例えば指導体制の確立の程度を学校別に比較した諏訪（2000）は、指導体制の構築と教師集団の親和的雰囲気（学校組織文化）との間に強い関連があるとしている。他に教師の集団規範の観点（山口，1994）から、「同僚との調和」を考え、「足並みをそろえる」同調傾向が認められることも報告されている（永井，1977；瀬戸，2003b；油布，1990）。これらのことから、学校現場において教師集団に共有された思考や行動の枠組みが存在しており、教師の連携行動に方向性を与えている可能性がある。このような状況を説明するために教師の認知した所属する学校の組織文化（以下、学校組織特性と記す）を検討する必要がある。

　次に本研究では、具体的なチーム援助実践にあたっての第一歩として、教師自身が校内の適切な人と連携するための援助要請をすることが重要となると考えている。このような援助要請行動に大きな影響を与えるものとして、被援助志向性という概念が挙げられているが（水野・石隈，1999；田村・石隈，2002）、

教師における被援助志向性の先行研究は少なく、バーンアウト（田村・石隈,
2001）や自尊感情（田村・石隈, 2002）との関連が報告されているのみである。
本研究においては「不登校生徒など問題のある生徒への対応の危機に直面した
教師が、他の教師に対して積極的に援助を求めるかどうかの認知的枠組み」と
して、この被援助志向性という概念を採用した。

　以上、本研究においては不登校生徒へのチーム援助活動の内容に着目し、学
校組織特性との関連を明らかにすることを第 1 の目的とする。なお、学校組織
特性とは、「当該学校の教師に共有された行動・思考の様式で、その学校での
日常の教育活動に方向性を与え、問題解決や意思決定の判断枠組みを提供する
とともに、教師集団の凝集性や一体感の醸成に働きかけるもの（今津, 1996）」
を指し、所属する教師集団の「協働性」「学習充実」「職場満足」等の認知と関
連している。次に、連携行動に影響を与える教師個人レベルの要因のひとつと
して、教師の被援助志向性との関連を検討することを第 2 の目的とする。そし
て、チーム援助の活動内容と教師の認知している学校組織特性及び被援助志向
性との関連を明らかにすることで教師の協働の実際を検討し、不登校生徒への
対応について提言することを第 3 の目的とする。

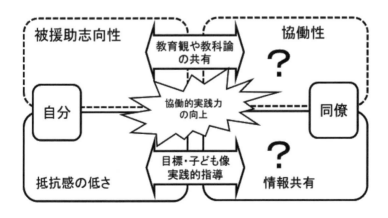

第2節　研究方法

1　調査内容と測定尺度

(1) チーム援助の活動内容

　チーム援助の具体的活動に関する質問については、「情報連携だけでは不十分であり、互いに意思の疎通を図り、自らの役割を果たしつつ、一体的な対応を行う」(少年の問題行動等に関する調査研究協力者会議, 2001) という視点をもとにして、「担任教師だけで単独の対応をする」「関係教師で不登校生徒の情報交換を行う」「不登校生徒の対応を検討する会議を開く」「関係教師で役割分担を行う」の4つの内容を想定し、瀬戸・石隈 (2002) を参考に具体化した。

　瀬戸・石隈 (2002) は個別の援助チームをコーディネートする際に、4つの教師行動があることを説明しているが、本研究の教師連携と関連する項目は、教師への「説明・調整」行動であり、次のような質問内容から構成されている。「教師全体への説明を行う」「意見調整を行う」「必要に応じて情報交換を行う」「必要に応じて役割分担を行う」である。本研究では、教師全体への説明や意見調整を行うことを「検討する会議を開く」としてひとつにまとめ、残りを「情報交換を行う」「役割分担を行う」としてそれぞれ採用した。

　その結果、最終的に決定されたチーム援助の活動内容を問う質問項目は、「不登校の生徒の対応は、私が一人で対応してきたことが多い (単独対応)」「不登校の生徒の対応で、チーム援助を実践する際、関係教師による情報交換が中心になっている (情報交換)」「不登校の生徒の対応で、チーム援助を実践する際、生徒への適切な対応を検討する会議が中心になっている (検討会議)」「不登校の生徒の対応で、チーム援助を実践する際、面接や家庭訪問など役割分担による組織的な対応が中心になっている (役割分担)」の4項目であった。

（2）学校組織特性

　所属校の学校組織特性に関する質問 24 項目については、瀬戸（2000）が作成したものを使用した。これらの質問項目は、「協働性（職場内での活発さ）」6 項目、「職場での満足度」6 項目、「学習の充実度」6 項目を基本の枠組みとし、本研究では 4 要因目として「情報の共有度」を加えた。岡堂（1998）の報告から校内での情報共有がまず連携行動やチーム援助形成の基盤にあると想定したからである。「情報の共有度」の質問項目は、牧・高橋・田島（1994）の学校経営診断の質問紙を参考に「他部門との連絡調整がされている」「仕事の指示・報告のルートがしっかりしている」「校内のコミュニケーションがスムーズである」「仕事に必要な情報を集めやすい」「仕事の決定のプロセスがよく伝わっている」「他校の教師との交流が盛んである」の 6 項目からなる。

（3）教師の被援助志向性尺度

　教師の被援助志向性尺度については、田村・石隈（2001）が作成したものを使用した。被援助志向性には、「援助の欲求と態度」（7 項目、例：自分は、よほどのことがない限り、人に相談することがない。以下、援助欲求・態度）「援助関係に対する抵抗感の低さ」（4 項目、例：自分は、人に相談したり援助を求める時、いつも心苦しさを感じる。）の 2 因子からなる。

　なお、上記の 1）2）3）の各項目の回答は、「とても当てはまる」から「まったく当てはまらない」までの 5 件法で求めた。フェイスシートでは、性別、教職経験（5 年ごと 7 択）、職名、校務分掌、課程、学科、生徒数（100 人以下、101 ～ 200 人、201 ～ 300 人、301 ～ 400 人、401 ～ 500 人、501 ～ 1000 人、1001 人以上）、大学進学率（3 択 30％以下、31 ～ 70％、71％以上）を質問した。

2　調査対象者と調査時期

　A 県の公立高等学校 13 校（11 校が普通科高校、1 校が工業高校、1 校が商業高校）で SC 未配置校の教師 450 名を対象に、2003 年 4 月から 6 月に実施した。

対象校では、各学年で2～3名程度の不登校生徒、あるいは不登校傾向の生徒が報告されている。

3 実施の手続き

上記の13校に調査依頼し、調査用紙を郵送・回収した。回収率は56.4％であった。このうち不適切と思われる回答をした9名を除外し、有効回答数を245名分とし分析した。回答者の属性は、男性196名、女性49名。教職経験年数は1～10年が101名、11～20年が77名、21年以上が67名、であった。大学進学率（短大含む）は71％以上が4校55名、31～70％が5校94名、30％以下が4校96名であった。

第3節　結果と考察

1 調査項目に関する因子分析

所属校の学校組織特性に関する18項目について回答結果を因子分析（最尤法、プロマックス回転）し、固有値の減衰状況を確認し、十分に因子負荷量（.35以上）の得られなかった6項目を除外し、再度因子分析を行ったところ、固有値1以上で、3因子が抽出された（表1）。「職員の協力体制がある」「分掌が機能的に活動している」「校内研修が活発である」「管理職の理解力がある」といった教師の協働体制に関わる4項目からなる＜協働性＞因子、「職場では充実感がある」「教師という仕事にやりがいを感じる」「この学校で長く勤めたい」「同僚と話していて楽しい」といった職場への満足を表す4項目からなる＜職場満足＞因子、「進路指導に熱心である」「学校行事・部活動が盛んである」「学習指導に熱心である」「生徒指導が少ない」といった教科指導という狭義の学習指導だけではなく進路指導や特別活動、生徒指導を含めた広義の学習全般に関わる4項目からなる＜学習充実＞因子、の3因子である。これら第1因子と第2因子のα係数は、.76、.80であったが、第3因子のα係数は0.56と低く、

＜学習充実＞は、職業高校が2校あるため、学科ごとの差異が大きく影響し、構成する回答者の受け止め方によって変動が大きかった。また、「情報共有度」の6項目は、主成分分析した結果、いずれも 0.87 以上負荷しているので一因子性が確認され、内的一貫性（α係数 0.87）も認められた。以上の4つの因子で学校組織特性を測定した。なお、この学校組織特性および被援助志向性の下位尺度得点は、構成する質問項目の合計点である。

表1　学校組織特性の因子分析結果

質問項目	F1	F2	F3	共通性
第1因子　協働性（α 0.76）				
職員の協力体制がある	**.86**	.05	-.11	.74
分掌が機能的に活動している	**.83**	-.08	-.02	.61
校内研修が活発である	**.52**	-.08	.08	.26
管理職の理解がある	**.41**	.12	.20	.34
第2因子　職場満足（α 0.80）				
職場では充実感がある	.01	**.95**	-.09	.87
教師という仕事にやりがいを感じる	-.15	**.86**	-.01	.61
この学校で長く勤めたい	.15	**.43**	.08	.31
同僚と話していて楽しい	.34	**.41**	.04	.46
第3因子　学習充実（α 0.56）				
進路指導に熱心である	.15	-.17	**.75**	.57
学校行事・部活動が盛んである	-.05	.10	**.54**	.31
学習指導に熱心である	.04	-.10	**.39**	.16
生徒指導が少ない	-.31	.23	**.38**	.29
寄与率（％）	32.1	13.6	11.8	

因子間相関	F1	F2
F2	.55	
F3	.28	.30

注）除かれた項目：「校則指導に熱心である」「学校生活全体にゆとりがある」「職場にくつろげる場所がある」「生徒に愛着を感じる」「管理職の指導力が発揮されている」「対外的な行事・研究会の当番校によく当る」

2　チーム援助の活動内容と学校組織特性および被援助志向性得点の基本統計量と多重比較

　不登校生徒に対する具体的な対応として、「やや当てはまる」と「よく当てはまる」と回答したものを合計すると、単独対応 58 名（23.6%）、情報交換 157 名（64.1%）、検討会議 71 名（29.0%）、役割分担 82 名（33.5%）であった。チーム援助の活動内容と学校組織特性および被援助志向性得点間の基礎的分析（平均・分散）による性差（表 2）と教職経験差（表 3）は次のようになった。

表 2　チーム援助活動内容と学校組織特性および被援助志向性得点の性差

	男	女	t 値
チーム援助の活動内容			
単独対応	2.49　(1.26)	2.43　(1.14)	0.30
情報交換	3.72　(0.92)	3.81　(0.86)	-0.57
検討会議	2.93　(1.07)	3.04　(1.12)	-0.62
役割分担	2.96　(1.12)	3.33　(1.07)	-2.08*
学校組織特性			
協働性	19.33　(3.53)	19.75　(2.99)	-0.74
職場満足	22.26　(4.86)	22.1　(3.86)	0.21
学習充実	19.95　(4.94)	20.33　(2.71)	-0.51
情報共有度	17.26　(4.13)	17.83　(3.02)	-0.89
被援助志向性			
援助欲求・態度	14.67　(2.74)	14.25　(8.02)	0.59
援助関係に対する抵抗感の低さ	27.42　(4.54)	29.06　(4.71)	-2.20*
n　(人)	196	49	

*$p < .05$

表3　チーム援助活動内容と学校組織特性および被援助志向性得点の教職経験差

	1～5年	6～10年	11～15年	16～20年	21～25年	26～30年	31年以上	F値	多重比較 (tukey法)
チーム援助の活動内容									
単独対応	2.25 (1.25)	2.43 (1.32)	2.44 (1.28)	2.71 (1.18)	2.53 (1.10)	2.75 (1.29)	2.68 (1.17)	0.72	n.s.
情報交換	3.63 (0.92)	3.73 (0.88)	3.93 (0.75)	3.90 (0.94)	3.78 (0.91)	3.43 (1.09)	3.59 (1.05)	1.01	n.s.
検討会議	2.92 (1.00)	3.00 (1.08)	3.00 (1.04)	2.87 (1.28)	2.85 (0.97)	3.12 (1.31)	2.95 (1.13)	0.16	n.s.
役割分担	2.90 (0.97)	3.04 (1.05)	3.00 (1.14)	3.38 (1.17)	2.96 (1.26)	2.87 (1.45)	3.09 (1.06)	0.71	n.s.
学校組織特性									
協働性	14.57 (2.77)	12.40 (2.94)	13.34 (2.62)	12.93 (3.29)	12.89 (2.41)	13.06 (2.23)	14.72 (2.43)	3.84***	1～5年>6～10年***, 6～10年<31年以上***
職場満足	15.65 (2.78)	13.63 (2.96)	15.04 (3.45)	14.93 (2.88)	14.62 (2.24)	15.12 (2.82)	15.41 (2.77)	2.30*	1～5年>6～10年*
学習充実	13.51 (2.68)	15.08 (8.38)	13.28 (2.84)	13.83 (3.40)	13.55 (3.51)	15.12 (2.94)	13.50 (2.73)	0.97	n.s.
情報共有度	18.69 (3.29)	16.00 (3.75)	16.84 (3.99)	17.19 (4.74)	17.37 (3.31)	17.50 (4.36)	19.81 (3.82)	3.66***	1～5年>6～10年***, 6～10年<31年以上***, 11～15年<31年以上
被援助志向性									
援助欲求・態度	15.65 (2.42)	14.85 (2.94)	15.31 (2.55)	14.87 (3.00)	12.10 (9.85)	13.93 (2.74)	13.90 (1.97)	2.66*	1～5年>21～25年**,11～15年>21～25年**
援助関係に対する抵抗感の低さ	28.57 (4.05)	27.46 (4.82)	29.02 (4.52)	28.64 (5.02)	25.46 (4.29)	28.06 (4.68)	26.50 (3.71)	2.63*	1～5年>21～25年**,11～15年>21～25年**
n (人)	52	49	45	31	28	16	22		

*$p < .05$, **$p < .01$, ***$p < .001$

　男女別平均値を t 検定で比較してみると、有意差は学校組織特性については
みられなかった。有意差のみられた「役割分担」は、女性教師のほうが、男性
教師に比べて得点が高かった。同じく有意差のみられた「援助関係に対する抵
抗感の低さ」は、女性教師のほうが、男性教師に比べて高いことがわかった。
このことは田村・石隈（2002）の報告とも一致するが、「援助欲求・態度」に
おいて男女差はみられなかった。女性教師は「援助関係に対する抵抗感の低
さ」から「役割分担」を積極的に展開していると言えよう。

　教職経験による差についてみると、チーム援助内容について有意差はみられ
なかった。有意差のみられた「協働性」「職場満足」「情報共有度」において多
重比較をした結果（Tukey 法）、「協働性」（0.1％水準）では 1 ～ 5 年＞ 6 ～ 10
年、6 ～ 10 年＜ 31 年以上、「職場満足」（1％水準）では 1 ～ 5 年＞ 6 ～ 10 年、
「情報共有度」では 1 ～ 5 年＞ 6 ～ 10 年、6 ～ 10 年＜ 31 年以上、11 ～ 15 年
＜ 31 年以上、となった。同じく有意差のみられた「援助欲求・態度」「援助関
係に対する抵抗感の低さ」において多重比較をした結果（Tukey 法）、「援助欲
求・態度」（1％水準）では 1 ～ 5 年＞ 21 ～ 25 年、11 ～ 15 年＞ 21 ～ 25 年、
「援助抵抗感の低さ」（5％水準）では 1 ～ 5 年＞ 21 ～ 25 年、11 ～ 15 年＞ 21
～ 25 年、となった。

　これらの結果から、教師の認識した所属する学校の組織特性である「協働
性」を、若手教師は 6 年目以上の教師より高く評価し、また 31 年以上の教職
経験を有する教師も、6 年目以上の教師より高く評価していることがわかった。
同じことは「職場満足」や「情報共有度」についても言え、学校組織の特性を
評価する際に、教職経験が影響を与えていることが推察される。若手教師は所
属する学校組織と他の組織を比較する機会がないことから、肯定的な評価傾向
を示した可能性がある。

　また若手教師は不登校生徒への対応において、他の教師への援助欲求・態度
が 21 年以上の中堅教師より高く、11 年以上の教師も 21 年以上の教師より高い。
このことは教職経験の豊かな中堅教師が若手教師よりも、他の教師と連携する
ことに消極的であるということであり、同様のことは「援助関係に対する抵抗

感の低さ」でも示唆された。中堅教師の教師としての自負心、あるいは他の教師の負担になることへの懸念から、他の教師への連携関係に慎重になっていることが推察された。

　他に担当分掌や職種による差異も検討したが、サンプルサイズが大きく異なったため取り上げなかった。

3　チーム援助の活動内容と学校組織特性および被援助志向性との相関

　チーム援助の活動内容と学校組織特性および被援助志向性との相関を算出したところ、表4のような結果となった。

　まず、チーム援助の活動内容と学校組織特性との関係をみると、「単独対応」は「協働性」および「情報共有度」と負の相関を示し、「検討会議」は「協働性」「職場満足」「情報共有度」と正の相関を示した。「役割分担」に関しては、「協働性」「学習充実」「情報共有度」との間で正の相関を示した。「情報交換」以外の3つの活動内容は学校組織特性のいずれかと有意な関連性を示していた。不登校生徒に単独で対応している教師ほど、教師の協力体制、分掌の機能的活動など教師の協働性を低く評価し、所属校では校務分掌レベルにおけるコミュニケーションがスムーズでなく、連絡調整や指示、報告など情報共有のルートがはっきりしないと感じており、情報共有の程度を低く評価していると解釈できる。逆に、不登校生徒への対応を検討する会議が中心であると理解している教師ほど、所属校では教師の協力体制、分掌の機能的活動など教師の「協働性」を高く評価し、校務分掌レベルにおけるコミュニケーションがスムーズで、連絡調整や指示、報告など情報共有のルートがはっきりしていると感じており、情報共有の程度を高く評価していると推察できる。そのような評価が、職場での充実感、教師の仕事へのやりがい、という職場満足の高い評価につながっているのであろう。同じく、面接や家庭訪問などの役割分担を積極的に展開する教師は、情報の共有や教師の協働性、学習の充実度を高く評価していた。不登校生徒に対応する際には、日常的な協働性のあり方や情報共有のあ

表4　チーム援助の活動内容と学校組織特性および被援助志向性との相関

	チーム援助の活動内容			
	単独対応	情報交換	検討会議	役割分担
学校組織特性				
協働性	-.15*	.04	.14*	.22**
職場満足	.08	.10	.13*	.12
学習充実	-.01	-.02	.08	.18**
情報共有度	-.21**	.02	.20**	.30**
被援助志向性				
援助欲求・態度	-.08	-.07	.05	.03
援助関係に対する抵抗感の低さ	-.27**	.19**	.14*	.23**

*p < .05,　**p < .01

り方が関連しており、学校全体の教育システム運営からみた援助の必要性（石隈, 1999）とも重なるものである。

　ここで不登校生徒に関する教師個人の「情報交換」が学校組織特性における「情報共有度」と関連がなかった点に着目したい。本研究における「情報共有度」の質問項目は、「他校の教師との交流が盛んである」以外の5項目が校務分掌上に関係するフォーマルな情報共有を示しており、学年集団や担当教科を中心にしたコミュニケーションである可能性が高い。このような情報共有のあり方は不登校生徒の「情報交換」とは相関が認められなかったのである。このことから不登校生徒の「情報交換」はインフォーマルな場面での情報交換であることが示唆された。これは、不登校の情報交換は担当学年や担当教科という枠組みではなく教師の個人的な人間関係の中で「雑談的に」（伊藤, 1998）行われているという報告とも重なる。

　また学校におけるコミュニケーションは「気になる問題をもつ生徒について教師間で話題にする」といったインフォーマルなレベルでの情報交換や話し合いと、「学校全体」「組織レベル」で生徒に対する指導方針を話し合うフォーマ

ルなコミュニケーションとに区別されているという報告（石隈, 2000）とも一致
する。

　一方、「検討会議」と「情報共有度」、「役割分担」と「情報共有度」が、そ
れぞれ正の相関を示しており、両活動ともに職員会議、学年会、教育相談委員
会などの校務分掌をとおしたフォーマルな活動として学校組織全体にかかわっ
ていることが示唆された。「情報交換」は「検討会議」、「役割分担」とそれぞ
れ正の相関を示しており、3つの活動内容は、相互に関連しながらも、「情報
共有度」との関連において異なっていた。本来は雑談的な情報交換ではなく、
分掌としてのフォーマルな情報交換が望ましいが、先行研究の報告のように
「人から援助を受けることは恥である」など他の教師への懸念、自尊感情の強
さなど複数の要因（木岡, 2003：落合, 2003）から情報開示に苦慮していること
が推察される。

　次に、チーム援助の活動内容と被援助志向性との関係についてみてみると、
「単独対応」と「援助関係に対する抵抗感の低さ」が負の相関を示した。一方、
「情報交換」、「検討会議」、「役割分担」は「援助関係に対する抵抗感の低さ」
と正の相関を示し、「援助関係に対する抵抗感の低さ」は、教師によるチーム
援助の実践と関連していることが示唆された。その反面、「援助欲求・態度」
は、チーム援助の活動内容と関連が見られなかった。この結果は、援助抵抗感
の低い教師が様々なチーム援助を行うことや、チーム援助を積極的に行ってい
る教師は援助抵抗感が低いことを示唆するものであり、教師がチーム援助を実
践する際には、教師個人の援助欲求の高さではなく「援助関係に対する抵抗感
の低さ」が問題となるといえる。

第 4 節　　総合的考察

　本研究の結果から、教師の協働のひとつとして不登校生徒への「学校全体で
の組織的かつ具体的な対応が十分に行われていない」（不登校問題に関する調査
研究協力者会議, 2003）という現状がより明らかになった。具体的には「生徒の

適切な対応を検討する会議を開くこと」や「面接や家庭訪問などの役割分担」による組織的な連携行動を実践する教師は、所属する教師集団の学校組織特性である「協働性」「情報共有度」においても高い評価をし、その逆に「不登校生徒に単独で対応している」教師は、「協働性」「情報共有度」を低く評価していた。組織的な連携行動を積極的に実践する教師は、勤務校では教師の協力体制があり、分掌が機能的に活動しており、校内研修が活発で管理職の理解があると評価していた。

また「情報共有度」においても明らかな差異を示し、「検討会議」や「役割分担」を積極的に展開する教師は、各分掌や各学年・各教科のとの連絡調整が十分になされ、教師にとって仕事の指示・報告のルートがしっかりしており、仕事に必要な情報を集めやすく仕事の決定のプロセスがよく伝わっている、など校内コミュニケーションがスムーズであると勤務校の学校組織特性を評価していた。

これに対して「検討会議」や「役割分担」に消極的な教師は、勤務校の「協働性」や「情報共有」の現状を低く評価していた。以上のような教師集団の日常的な「協働性」や「情報共有」のあり方の認識こそが、具体的な不登校問題への連携行動の違いに関連している可能性がある。

このような状況を打破するために、次のような対策が考えられる。例えば、不登校生徒連絡委員会や欠席検討委員会などの不登校生徒の情報を共有する場の設定、個別指導記録の作成と回覧、担当者による定期的な情報発信（学年通信・教育相談通信など）など、複数の情報共有のチャンネルを設定していくことが教師の協働形成のために有効であろう。また、学校現場では不登校生徒の事例研究会などが実施されており一定の効果が認められるが、従来の生徒の心理的アセスメントの観点からの事例研究だけではなく、対応における組織的側面という新たな観点から、教師実践の違いを振り返ることも必要である。本研究の成果から、教師によって異なる不登校生徒への対応（チーム援助の活動内容）や教師集団の日常的な「協働性」や「情報共有」のあり方など、教師が個々の取り組みや考え方を振り返ることで、不登校生徒への対応としてどのよ

うに取り組むことがより効果的なのか、学校全体で共有できるであろう。

　本研究の結果からは不登校生徒の対応に関する教師間の連携に関しては、「援助関係に対する抵抗感の低さ」が関連しており、援助に対する欲求と態度は関連していなかった。積極的に役割分担を展開した教師は、援助に対する抵抗感が低いということ、また、援助に対する欲求が高い教師であっても、実際の連携行動には結びついていないということである。このことは、援助チームでの活動を通して相互援助を行うという教師の経験が教師の抵抗感を低くする可能性があるという田村・石隈（2002）の報告とも関連があるであろう。援助に対する欲求が高い教師であっても連携行動に結びついていかない要因のひとつとして、適切な連携相手が学校内に不在であると考えるならば、SC 非配置校においては学校外の専門家（例えば SC や相談員など）に相談しやすい地域全体の相談システムをつくる必要がある。教育行政からの相談システム構築という観点も必要になる。田村・石隈（2001）は教師にとって同僚や管理職は援助資源であるが、一方では、彼らとの日常的な人間関係は悩みの源でもあると報告している。また SC など外部専門家との連携は、援助に対する抵抗感が高くても現実には活用できる可能性があるとしている。

　不登校生徒対応の効果的なチーム援助を概観した八並（2002）は、援助実践の共通点として関係教師が連携行動を取っていることを指摘し、当該生徒に対する教師間の援助目標・内容・方法の共通理解と役割分担が高い教育効果を生じさせると説明している。しかしながら、実際には本研究の結果から、高校教師の単独行動傾向が少なからず存在し、横島（1997）のいうように、「担任教師が一人で抱え込み、苦悩し自信喪失に陥ったり、あるいは責任を回避して援助放棄や専門家への安易な預け入れが起き、十分な援助が行われていない状況」がうかがわれた。

　本研究で数量的に検討した学校の組織特性としての「協働性」「情報共有」「職場満足」「情報共有度」、あるいは教師自身の被援助志向性など、連携行動に関連のある特性を理解することで、教師の「協働、及び協働性」をスローガンに終わらせるのではなく、より有効なものとして形成していかなければなら

ない。

　ところで、長谷川（2003）は、所属する学校組織において支持的な同僚間関係の存在がすべて教師に対して十分な効果をもっているかといえば、必ずしもそうとは言えないと説明し、従来から言われてきている「相互不干渉」的な体質（久冨, 1988）が根本的な問題としてあることを指摘している。根底にある「相互不干渉的」な体質が、教育者としての強い使命感や義務感によるのか、あるいは多忙な同僚教師への連携が負担となることへの配慮からくるのか、今後検討する必要がある。また、教師の組織構造は、いわゆる階層のないフラットな組織構造が特徴であり、他者を尊重するあまり相互不干渉に陥りやすい危険性が指摘されている（木岡, 2003）。教師の協働を形成するためには、このような教師特有のアイデンティティやフラット組織が生み出す限界を乗り越えてゆくような取組みを検討する必要がある。

　本研究は、教師の協働の実際を検討するために不登校問題に関わるチーム援助の活動内容と教師の認識した学校組織特性および被援助志向性との関連を、質問紙を用いて調査した。大まかな傾向は確認できたが、今後、教師に対するインタビュー調査により質的に検討する必要がある。また尺度をより洗練することともに、所属する学年や教科など教師集団の下位文化を考慮に入れた検討も必要である。

〈注〉

(1) 連携と「協働、及び協働性」は、学校経営学の分野で教師集団の協力行動や協力体制をしめす概念として用いられており、近年は生徒指導や学校カウンセリングにおいても、教師集団の協力行動や協力体制の必要性という観点から広く用いられるようになってきている。各用語は定義がなされず用いられており、学校現場では教師の協力を目指す用語として、両者が同義に扱われている。両者の違いを区別するならば、連携という用語は、①不登校生徒への対応など共通の課題に対して、②二人以上の教師、及び教育関係者（スクールカウンセラーを含む）などが共通の目的をもち、③お互いに連絡をとりながら、④調整された行動をとること、であり共通の課題に対しての行動を示す。

　「協働、及び協働性」とは、①には具体的に言及されず、②二人以上の教師、及び教育関係者（スクールカウンセラーを含む）が共通の目的をもち、③お互いに連絡をとりながら、④調整された行動をとることが⑤日常的に教師集団に理解されていることとなり、教

師集団のもつ行動特性を説明しており、この点において異なっている。学校現場において
は「……について協働性を発揮する」「……について協働する」など、具体的な活動内容
や課題を提示した後に、連携と同義に用いられることも散見される。
　コミュニティ心理学において高畠（2005）は、現代のような複雑で困難に満ちた社会情
勢では一人の専門家の力量では限界があり、多職種との協力が必要であり、コラボレーシ
ョンの概念が浮上してくると考え、collaboration とは co ＝協力と labor ＝働くという意味
をもっており、邦訳では「協働」とするのが一般的であると説明している。

［引用文献］

Duffy, K.G. & Wong, F.Y. 1996 *Community Psychology*（植村勝彦（訳）1999　コミュニ
　　ティ心理学—社会問題への理解と援助—　ナカニシヤ出版 .）
不登校問題に関する調査研究協力者会議　2003　今後の不登校への対応の在り方について
　　（報告）
長谷川裕　2003　教員文化を掴むために　久冨善之（編）教員文化の日本的特性　多賀出版 .
飯田稔　2002　問題を深刻化させないための生徒指導体制の課題は何か　宮川八岐（編）
　　新しい生徒指導への経営戦略　教育開発研究所 .
今津孝次郎　1996　変動社会の教師教育　名古屋大学出版会 .
石隈利紀　1999　学校心理学—教師・スクールカウンセラー・保護者のチームによる心理
　　教育的援助サービス—　誠信書房 .
石隈利紀　2000　スクールカウンセラー、教師、保護者からなる児童生徒の援助チームの実
　　践モデルの研究　平成 9 年度～平成 11 年度科学研究費補助金（基盤研究（C）（2））　研
　　究成果報告書　課題番号 09610102, 37.
伊藤亜矢子　1998　学校という「場」の風土に着目した学校臨床心理士の 2 年間の活動過程.
　　心理臨床学研究, 15（6）, 659-670.
伊藤亜矢子　2001　学校風土とスクールカウンセリング. 臨床心理学, 1（2）, 153-159.
伊藤美奈子　1999　スクールカウンセラーによる学校臨床実践評価ならびに学校要因との
　　関連. 教育心理学研究, 47, 521-529.
木岡一明　2003　学校の組織設計と協働態勢づくりの基本問題　チェックポイント・学校
　　評価　NO.2　木岡一明（編）学校の組織設計と協働態勢づくり　教育開発研究所 .
岸田元美　1996　改訂生徒指導　北大路書房 .
小島秀夫　2002　高校教師が体験した困難　教師の意識全国調査の分析. 教職研修 12 月
　　号　教育開発研究所 .
久冨善之　1988　教員文化の社会学的研究　47. 多賀出版 .
牧昌見・高橋静男・田島推克　1994　学校改善を深める経営診断　東洋館出版社 .
水野治久・石隈利紀　1999　被援助志向性・被援助行動に関する研究の動向　教育心理学
　　研究, 47, 530-539.
文部科学省　2004　平成 15 年度　生徒指導上の諸問題の現状について（概要）文部科学省
　　ホームページ　http://www.mext.go.jp/b_menu/houdou/16/08/04082302.htm

文部科学省　2005　平成 16 年度　生徒指導上の諸問題の現状について（概要）文部科学省
　　ホームページ　http://www.mext.go.jp/b_menu/houdou/17/09/05092704.htm

村山正治　1999　学校における心理臨床活動の準備．小川捷之・村山正治（編）学校の心理
　　臨床　金子書房.

永井聖二　1977　日本の教員文化　教育社会学研究, 32, 93-103.

中山憲治　1991　校務分掌図　坂本昇一・比留間一成（編）生徒指導のあり方　開盛堂.

岡堂哲雄　1998　スクール・カウンセリングの理念　岡堂哲雄（編）スクールカウンセリン
　　グ―学校心理臨床の実際―　新曜社.

Orford, J.　1992　*COMMYUNITY PSYCHOLOGY : THORY and PRACTICE.* John
　　Wiley & Sons（山本和郎（監訳）1997　コミュニティ心理学―理論と実践―　ミネルヴ
　　ァ書房.）

落合美貴子　2003　教師バーンアウトのメカニズム―ある公立中学校職員室のエスノグラ
　　フィー―．コミュニティ心理学研究, 6 (2), 72-89.

少年の問題行動等に関する調査研究協力者会議　2001　心と行動のネットワーク―心のサ
　　インを見逃すな,「情報連携」から「行動連携」へ―

瀬戸健一　2000　高校の学校組織特性が教師とスクールカウンセラーの連携に及ぼす影響.
　　教育心理学研究, 48, 215-224.

瀬戸健一　2003a　教師とスクールカウンセラーの連携の有効性に影響を与える要因の研
　　究―高校の学校組織特性に着目して―．学校教育相談研究, 13, 10-17.

瀬戸健一　2003b　A高校における教員文化の事例研究―教員の「協働性」を中心に―．コ
　　ミュニティ心理学研究, 6 (2), 55-71.

瀬戸美奈子・石隈利紀　2002　高校におけるチーム援助に関するコーディネーション行動
　　とその基盤となる能力および権限の研究―スクールカウンセラー配置校を対象として―.
　　教育心理学研究, 50, 204-214.

諏訪英広　2000　組織文化としての指導体制と学校改善　岡東壽隆・福本昌之（編）学校の
　　組織文化とリーダーシップ　多賀出版.

高畠克子　2005　コミュニティ心理学におけるコラボレーション．コミュニティ心理学研
　　究, 8, 1-4.

田村節子　2003　スクールカウンセラーによるコア援助チームの実践―学校心理学の枠組
　　みから―．教育心理学年報, 42, 168-181.

田村修一・石隈利紀　2001　指導・援助サービス上の悩みにおける中学校教師の被援助志
　　向性に関する研究―バーンアウトとの関連に焦点をあてて―．教育心理学研究, 49, 438-
　　448.

田村修一・石隈利紀　2002　中学校教師の被援助志向性と自尊感情の関連．教育心理学研究,
　　50, 291-300.

鵜養美昭　1995　スクールカウンセラーとコミュニティ心理学　村山正治・山本和郎（編）
　　スクールカウンセラー―その理論と展望―　ミネルヴァ書房.

鵜養美昭・鵜養啓子　1997　学校と臨床心理士　ミネルヴァ書房.

山口裕幸　1994　集団過程　藤原武弘・高橋超（編）チャートで知る社会心理学　福村出版.

八並光敏　2002　いじめを原因とする不登校生徒へのチーム援助効果の分析.　生徒指導学研
　　究, 創刊号, 106-115.

横島義昭　1997　学校内での連携（高校）　國分康孝（監修）スクールカウンセリング事
　　典　東京書籍.

油布佐和子　1990　教員文化と学校改善　日本の教育　市川昭午（監修）学校改善と教職
　　の未来　教育開発研究所.

第9章

連携におけるコーディネーション研究1

要 旨

　本研究では、コーディネーション行動は、個別援助チームレベルでは、アセスメント・判断、説明・調整、保護者・担任連携、専門家連携の４因子、システムレベルでは、情報収集、広報活動、マネジメント、ネットワークの４因子から説明できた。本研究の結果から、コーディネーション行動について２点考察する。

　第一に、専門家連携とネットワークは関連が強く、その他の校内の援助サービスのコーディネーションは相互に関連が強いという結果から、コーディネーション行動には校内の援助サービスのコーディネーションと校外とのコーディネーションの双方から検討する必要性が示唆された。これは学校教育相談の視点と一致する

　第二に、コーディネーション行動は、本研究のコンサルテーションの定義と呼応し、システム、援助資源、援助活動の３つの調整を含むことが確認された。つまり、①コーディネーターは心理教育的援助サービスのマネジメントに関わり、援助サービスについて広報する（システムの調整）、②生徒の保護者・担任および校外の援助者との連携や役割分担について調整を行う（援助資源の調整）、③生徒の状況について情報収集し援助に関わるアセスメントと判断（援助活動の調整）の３つである。

【キーワード】コーディネーション行動、個別援助チームレベル　システムレベル

第1節　問題と目的

近年の子ども援助

近年、不登校やいじめな
どの問題で特別の援助を求
める子どもの増加に伴い、
学級担任の教師一人が児童
生徒に対応するのではなく、
複数の援助者が協力する体
制をとる必要性が主張され
るようになってきた。学校心理学では、一人ひとりの子どもの学習面、心理・
社会面、進路面、健康面での問題状況の解決や子どもの成長をめざす心理教育
的援助サービスをチームで行うことが強調されている（石隈, 1999）。まさに学
校というコミュニティ、その学校が所属している地域社会のコミュニティの有
する豊かな援助資源を活用するチームワークを基盤にしながら、児童生徒の発
達や成長に関わっていくことが学校における心理臨床（鵜飼・鵜飼, 1997）であ
り、学校教育相談（大野, 1997a）と言える。原田・府川・林（1997）は、教師
とカウンセラーが連携して行う援助を「コーディネーター型教育相談」と呼び、
実践事例から連携の有効性を報告している。また、平成7年度より文部省が導
入したスクールカウンセラー活用調査研究委託事業の実践報告（文部省, 1997,
1999）では、教師とカウンセラー、保護者がチーム援助を行うことで効果を上
げる可能性があることが示唆されている。

　こうした教師やカウンセラーの連携によるチーム援助が効果を上げるには、
そのチームをまとめ、調整していくためのコーディネーターの存在が必要であ
る（例えば石隈, 1999；黒沢, 1998）。現状としては、一人の専門家がコーディネ
ーターとして機能するのではなく、異なった専門性を持つ複数の人間がコーデ
ィネーターとして協力することでコーディネーションが行われている。スクー
ルカウンセラーはカウンセラーとしての専門性と非常勤という非日常性を生か

し（黒沢, 1998）、養護教諭や教育相談担当教師は養護教諭・教師としての専門性と日常性を生かし（原田ら, 1997）、保護者、教師、専門機関との連携を行っている。

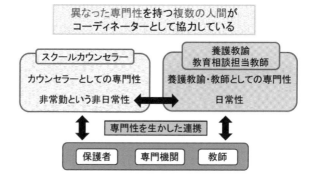

コーディネーターは、学校内外の複数の援助資源を組み合わせ、調整していく（石隈, 1999；下村, 1998）と同時に、チームで行う援助サービス活動や方針の調整、チーム援助を支えるシステムの調整を行う。

黒沢・森（1999）は、問題状況が収まれば解散するチームに対して、システムはより恒常的で継続的なものであると、この二つを異なるものとして区別している。また、学校心理学（石隈, 1999）では、3種類の援助チームが指摘されている。①特定の児童生徒に対し一時的に編成され、問題解決とともに解散される個別の援助チーム、②学校の心理教育的援助サービスの充実を目指して恒常的に機能するチーム（例：教育相談委員会）、③学校全体の教育システムの運営に関するチーム（例：運営委員会）である。つまりコーディネーション行動は、一時的に編成される特定の個人に対する援助チームのコーディネーションと、恒常的に行われる複数あるいは全ての児童生徒に対する援

コーディネーション
学校内外の援助資源を調整しながらチームを形成し 援助チームおよびシステムレベルで **援助活動を調整するプロセス**

助システムのコーディネーションという二つの異なった構造を有している。

本研究では学校心理学（石隈, 1999）を参考にして、心理教育的援助サービスのコーディネーションを「学校内外の援助資源を調整しながらチームを形成し、援助チームおよびシステムレベルで、援助活動を調整するプロセス」と定義する。そして石隈（1999）のいう 3 種類の援助チームの②と③をまとめてシステムレベルと考え、個別援助チームとシステムの 2 つのレベルでコーディネーションを検討し、コーディネーション行動尺度を作成し、コーディネーションの具体的な活動内容を明確にすることを第一の目的とする。

　将来的に援助チームのコーディネーターを研修等で養成し、その能力を高めていくためには、コーディネーション行動を支える能力などの要因を明らかにすることが必要である。これまでコーディネーターがどのような能力に基づいて行動しているかについて触れた研究は見られない。チーム援助のコーディネーションにおける援助開始から終結までの一連のプロセスでは、コンサルテーションが重要な機能を果たす。したがってコーディネーターに求められる能力は、コンサルタントに求められる能力を含むと思われる。学校心理学（石隈, 1999）では、心理教育的援助サービスにおけるコンサルタントが必要とする能力として、①人間関係に基づく問題解決プロセスの能力、②子どもの問題状況と子どもへの関わりについての知識やスキル、③援助チームや援助体制を作る能力をあげている。さらに学校においてはその組織の特性から、人間関係の調整を行うためにはコーディネーター個人が有する能力に加えて公的な調整力が必要となる（高木, 1987）。これは、学校における職務（役割）に伴う権限（牧, 1998, p35）に対応すると考えられる。本研究では、コンサルタントとしての能力と公的調整力の領域からコーディネーション行動の基盤となるものを明らかにすることを第二の目的とする。

　学校においては、教育相談担当・養護教諭・生徒指導主任・学年主任・スクールカウンセラーがコーディネーターとなることを期待されている（原田ら, 1997；小島, 1996；佐野, 1996；下村, 1998；鵜飼, 1997）。教師やスクールカウンセラーの連携やチーム援助に関してはいくつかの研究成果がある（例えば、瀬戸, 2000；石隈, 1999；伊藤・中村, 1998；中島ら, 1997）。しかしスクールカウンセラー派遣校において、教師、スクールカウンセラーがどのように役割分担して援助活動のコーディネーションを行っているかについて触れたものはまだ見られない。本研究では、教師やスクールカウンセラーが実践しているコーディネーション行動、役割ごとのコーディネーション行動とその能力・権限の関係を明らかにし、コーディネーション行動を複数のスタッフが担う場合の今後の有効な連携のあり方を議論することを第三の目的とする。

　心理教育的援助サービスのコーディネーションは、学校種（小学校、中学校、高校）により異なることが考えられ、それぞれについて研究する必要がある。まず本研究では、教師各自が個別に生徒援助を行う傾向が大きく（西尾, 1996）、特にコーディネーターの役割が重要であると考えられる高校について研究する。

第2節　方法

1　尺度の作成

(1) コーディネーション行動尺度

　下記のコーディネーションの実践報告と先行研究の調査結果から、チーム援助を実践するために行った具体的な行動について抜き出し、項目を作成した。

　①心理教育的援助サービスの実践報告を取り上げている雑誌「月刊学校教育相談」、「心理臨床」、「こころの科学」、「精神療法」、「発達」、「児童心理」に、1990年以降掲載されたチーム援助の事例

　②原田ら（1997）のコーディネーター型教育相談実践

先行研究・教師とカウンセラーを対象に行った
調査より得られた自由記述を整理し、項目を作成

① コーディネーション行動尺度

各項目 4件法で回答を求めた

A) 特定生徒へのチーム援助を行うために必要な
コーディネーション行動 24項目

B) 援助チームの活動を促進すると考えられる
システムに関するコーディネーション行動 17項目

② コーディネーション能力・権限尺度

各項目 5件法で回答を求めた

A) チーム援助のコーディネーションを行うために
必要と考えられる能力 27項目

B) 学校組織の役割にしたがって
各々が委譲されている権限 7項目

③大野（1997b）が学校教育相談の研究で整理したコンサルティングとコーディネーティングの活動

④田村（1996）の連携に対する教師の抵抗感に関する調査研究

⑤中島ら（1997）の教師がスクールカウンセラーに期待する活動の調査研究からリエゾン機能に関する活動

さらに1999年11月に、小学校・中学校・高校の教師（学級担任、学年主任、生徒指導主任、教育相談担当、養護教諭）およびスクールカウンセラー58名を対象として、「学校内で教師同士や、教師とスクールカウンセラー・保護者でチームを組んで援助を行うためには、具体的にどのような活動を行うことが必要だと思うか」「チーム援助を行う時の留意点」について尋ね、得られた自由記述を整理し、項目を作成した。

そして石隈（1999）の学校心理学における枠組みから、作成した項目を、特定の生徒へのチーム援助を行うために必要なコーディネーション行動24項目、および援助チームの活動を促進すると考えられるシステムに関するコーディネーション行動17項目にまとめた。個別援助チームとシステムの違いを明らかにするために、個別援助チームレベルの項目（1～24）については、項目冒頭に「生徒の問題を援助するとき」「生徒の問題をチームで援助するとき」「問題をもつ生徒の対応や援助について」と明記し、「問題をもつ生徒の対応と援助」を指すことを強調した。システムレベルの項目については、個別の問題行

動に関わらない日常的な活動、学校組織や学校運営の状況、広報体制など恒常的な活動を取り上げた。各項目の回答は、4 件法（「まったくしていない」から「よくしている」まで）で求めた。

(2)　コーディネーション能力・権限尺度

　この尺度については、石隈（1999）が学校心理学に基づいて指摘した、心理教育的援助サービスにおけるコンサルタントに求められる能力と高木（1987）が指摘する公的な調整力から次の 4 領域を設定した。
①人間関係に基づく問題解決プロセスの能力
②子どもの問題状況や関わりについての知識やスキル
③援助チームや援助体制を作る能力
④学校における役割に委譲されている権限
　まず領域①③④については、前述の小学校・中学校・高校の教師（学級担任、学年主任、生徒指導主任、教育相談担当、養護教諭）およびスクールカウンセラー 58 名対象の調査（1999 年 11 月実施）の自由記述を整理し、項目を作成した。
　また領域②の問題状況や関わりに関する専門的知識に関して、中島ら（1997）の調査研究から、教師がスクールカウンセラーに期待する専門性を参考にし、項目を作成した。それぞれの項目をあわせ、チーム援助のコーディネーションを行うために必要と考えられる能力に関して 27 項目、および学校組織の役割にしたがって各々が委譲されている権限に関して 7 項目を決定した。本来コーディネーションの能力と権限は異なった概念であるが、高木（1987）の指摘するように学校現場においては、役割権限があることによってコーディネーション能力が発揮されやすくなる。したがってコーディネーションに関する能力と権限は、コーディネーション行動を総合的に支える要素として一つの尺度と考えた。各項目への回答は、5 件法（「まったくあてはまらない」から「かなりあてはまる」まで）で求めた。

2　尺度の内容的妥当性の検討

　コーディネーションに関する2つの尺度について、現職の教師（生徒指導主任経験者、学年主任経験者、養護教諭、教育相談担当を含む）、カウンセリングの研究者計6名で次の手続きで検討した。まず現職教師5名がコーディネーション行動、コーディネーション能力・権限の項目の関連性、およびコーディネーション行動における個別援助チームとシステムという2つの構造への項目分類の妥当性を、学校現場における実践に照らし合わせて検討した。その後、カウンセリング研究者を含めて、学校心理学におけるチーム援助の観点からも検討した結果、2つの尺度の内容的妥当性が確認された。

3　調査対象者と手続き

　平成10・11年度スクールカウンセラー活用調査研究委託校（単独校方式）に指定された高校154校の学年主任、生徒指導主任、教育相談担当の長、養護教諭、スクールカウンセラーに対し、調査を依頼した。調査対象地域は全国を対象とした。その結果、110校（回収率71.4％）の回答を得たが、そのうち回答に不備のあるものを除き、454名を分析対象とした。調査期間は2000年2月、学校ごとに郵送形式で実施した。

第3節　結果と考察

1　コーディネーション行動、コーディネーション能力・権限尺度の因子的妥当性と信頼性の検討

　個別援助チームに関するコーディネーション行動の尺度、システムに関するコーディネーション行動の尺度、それぞれについて検討した。

(1) 個別援助チームに関するコーディネーション行動尺度

　個別援助チームに関するコーディネーション行動 24 項目について、主因子法、プロマックス回転による因子分析を行った。2 因子から 4 因子までの分析を行い、因子の安定性と解釈しやすさから 4 因子解を採択した。次に因子負荷量が .40 以下の 1 項目を除く 23 項目で再度因子分析を行った（Table 1）。

	内容	因子名
第1因子	説明や調整行動に関する内容	「説明・調整」
第2因子	保護者理解に関する内容 担任との連携に関する内容	「保護者・担任連携」
第3因子	アセスメントとそれに基づく判断に関する内容	「アセスメント・判断」
第4因子	専門家との連携に関する内容	「専門家連携」

　第 1 因子に負荷量の高い項目は「チームのメンバーや取り組みについて職員全体に説明している」（.95）といった説明や調整行動に関する内容であったため、「説明・調整」と命名した。第 2 因子に負荷した項目は、「保護者がどれくらい援助を必要としているかについて判断」（.89）といった保護者理解に関する内容と、「保護者と担任の仲介」（.86）という担任との連携に関する内容であったため、「保護者・担任連携」と命名した。第 3 因子の項目は、「問題行動の意味や今後の見通しについて判断」（.78）といったアセスメントとそれに基づく判断に関する内容であったため、「アセスメント・判断」と命名した。第 4 因子の項目は、「担任と専門機関・カウンセラーとの仲介」（.73）といった専門家との連携に関する内容であったため、「専門家連携」と命名した。

　個別援助チームのコーディネーション行動における、説明・調整、保護者・担任連携、アセスメント・判断、専門家連携という 4 因子は、援助チームにおける、アセスメント・判断、援助サービスにおける保護者・学級担任・専門家の連携、そしてチーム援助の活動についての調整という活動（石隈, 1999）と一致しており、尺度の因子的妥当性はある程度支持されている。またこれら 4 因

子の尺度としての内部一貫性は $\alpha = .68$ から $\alpha = .92$ であり、それぞれの信頼性がある程度支持されていると言える。

　また4因子間の相関は低から中程度の正の相関（ r=.28 ～ .67）であった。これらはコーディネーション行動の4つの側面が関係する活動であることを示している。具体的には、専門家連携は他の活動との関係が比較的少

なく、アセスメント・判断は他の活動との関係が比較的大きいと言える。

(2) システムに関するコーディネーション行動尺度

　システムに関するコーディネーション行動17項目について、主因子法、プロマックス回転による因子分析を行った。2因子から4因子までの分析を行い、因子の安定性と解釈しやすさから4因子解を採択した（Table 2）。

	内容	因子名
第1因子	学校運営に関する内容	「マネジメント」
第2因子	相談ルートの広報に関する内容	「広報活動」
第3因子	生徒についての情報収集に関する内容	「情報収集」
第4因子	主に外部機関との連携に関する内容	「ネットワーク」

　第1因子の項目は、「生徒援助のために学校運営や組織改善について検討委員会を開くようよびかけ」（.92）といった学校運営に関する内容であったため、「マネジメント」と命名した。第2因子の項目は、「校内の相談ルートを保護者全体に広報」（.90）といった相談ルートの広報に関する内容であったため、「広

報活動」と命名した。第3因子の項目は「気になる生徒がいるとき、他の教師から連絡をうける」(.83)といった生徒についての情報収集に関する内容であったため、「情報収集」と命名した。第4因子は「外部専門機関の特色やカウンセラーの得意な分野について調べている」(.85)といった主に外部機関との連携に関する内容であったため、「ネットワーク」と命名した。

　このようにシステムに関するコーディネーション行動は、マネジメント、広報活動、情報収集、ネットワークの4因子で説明できた。この尺度の4因子は、学校内外の援助サービスのコーディネーションの機能（情報収集とネットワーク）、相談手続きの広報（広報活動）、学校運営レベルのコンサルテーション（マネジメント）という、援助チームを支える活動として学校心理学（石隈, 1999）で議論されているものと共通しており、尺度の因子的妥当性はある程度支持されている。またこの4因子の尺度としての内部一貫性は、$a = .72$ から $a = .90$ であり、それぞれの信頼性がある程度支持されていると言える。

　またネットワークをのぞく3因子間では、低から中程度の正の相関（r=.22 ~ .55）となった。これらのコーディネーション

マネジメント	広報活動	情報収集

低から中程度の正の相関(r=.22~.55)
コーディネーション行動の3つの側面は関係する活動である

ネットワーク	広報活動とだけ中程度の正の相関(r=.48) ⇒ 他の活動との関係が比較的少ない

コーディネーターは、専門家とネットワークを築き、活用する活動を校内連携と区別された特別の活動として捉えている

行動の3つの側面が関係する活動であることを示している。ネットワークは広報活動とだけ中程度の正の相関（r=.48）をもち、他の活動との関係が比較的少なかった。個別援助チームのコーディネーションにおいても専門家連携は他の活動との関係が比較的少なかったことと合わせて考えると、コーディネーターにとって、専門家とネットワークを築き、活用する活動は、校内連携と区別された特別の活動としてとらえられていることが考えられる。

　次にシステムに関するコーディネーション行動の4因子と個別援助チームに

関するコーディネーション行動の4因子の相関を検討する（Table 3）。説明・
調整とネットワークを除くすべての組み合わせで、r=.26 ～ .80 までの正の相
関があり、システムに関するコーディネーション行動と個別援助チームに関す
るコーディネーシ
ョン行動が関連し
ていることが示さ
れた。

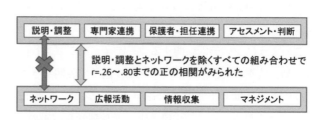

とくに個別援助
チームの説明・調
整行動はシステム
のマネジメントと
強い相関（r=.80）
を示し、情報収集
と中程度の相関
（r=.67）を示した。
またアセスメン

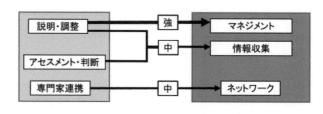

ト・判断も情報収集と中程度の相関（r=.60）を示した。一方専門家連携はネッ
トワークと中程度の相関（r=.60）を示した。つまり生徒や学校の状況について
の日頃の情報収集活動が、問題行動の意味やチーム援助に関する意見の調整や
教職員への説明に関連し、心理教育的援助サービスに関するマネジメントとも
関わると考えられる。また情報収集活動は、個別援助チームにおける問題の援
助に関するアセスメントや援助についての判断をも支えていることが示唆され
る。そして日頃からの校外専門家とのネットワークは、必要に応じた専門家の
活用と関連していると考えられる。

(3) コーディネーション行動能力・権限尺度

　コーディネーション行動に関わる能力および権限に関する34項目について、
主因子法、プロマックス回転による因子分析を行った。2因子から5因子まで

の分析を行い、因子の安定性と解釈しやすさから5因子解を採択した。次に因子負荷量が.40以下の4項目を除く30項目だけをとりあげ再度因子分析を行った（Table 4）。

	内容	因子名
第1因子	状況判断能力に関する内容	「状況判断」
第2因子	コーディネーションの基盤となる専門的知識	「専門的知識」
第3因子	組織の役割に委譲された権限に関する内容	「役割権限」
第4因子	援助チーム立ち上げに関する内容	「援助チーム形成」
第5因子	人間関係を基盤とした話し合い能力に関する内容	「話し合い能力」

　第1因子に高く負荷した項目は、「集められた情報から解決すべき問題を明確にできる」（.87）といった状況判断能力に関する内容であったため、「状況判断」と命名した。第2因子の項目は、「グループの動き（集団力学）について専門的知識がある」（.84）といったコーディネーションの基盤となる専門的知識であったため、「専門的知識」と命名した。第3因子の項目は、「生徒の問題に対応するとき、立場上、自分が判断する裁量が大きい」（.91）といった組織の役割に委譲された権限に関する内容であったため、「役割権限」と命名した。第4因子の項目は、「学校全体の協力体制が得られるように働きかけることができる」（.71）といった援助チーム立ち上げに関する内容であったため、「援助チーム形成」と命名した。第5因子の項目は、「話し合いのとき、参加者の気持ちが傷つかないように配慮できる」（.63）といった人間関係を基盤とした話し合い能力に関する内容であったため、「話し合い能力」と命名した。したがって、高校におけるコーディネーション行動に関わる能力・権限は、状況判断、専門的知識、役割権限、援助チーム形成、話し合い能力の5因子で説明できることが分かった。

　これらの5因子は、学校心理学（石隈, 1999）で指摘する援助サービスのコンサルテーションに関する3つの能力に役割権限を加えたものと理解できる。

「話し合い能力」は学校心理学でいう＜人間関係に基づく問題解決能力＞であり、「状況判断・援助チーム維持」と「援助チーム形成」は＜子どもの問題状況への援助に関する専門的知識やスキル＞と＜援助チーム作り＞の能力にあたる。これらの5因子は、学校心理学の枠組みから、尺度としての因子的妥当性をある程度支持していると言える。

またこれらの5因子の尺度としての内部一貫性は、$a = .82$ から $a = .93$ であり、それぞれの信頼性がある程度支持されていると言える。

コーディネーション能力・権限の5因子間の相関を求めた（Table 4）。役割権限を除く4因子は、低から中程度の正の相関（r=.21 〜 .60）を示し、これら

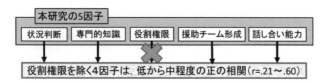

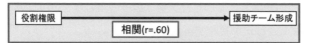

のコーディネーション能力がチーム援助を促進する能力として相互に関連することが示唆された。一方、役割権限は援助チーム形成能力と r=.60 という相関をもち、援助チーム形成能力の高低と役割権限の大小は関連することが示唆された。また役割権限は専門的知識とは相関がほとんどなく、役割権限を持つ教職員が必ずしも専門的知識を持っていないこと、あるいは専門的知識を持つ者が役割権限を持つとは限らないことが示唆された。

2　コーディネーション行動、コーディネーション能力・権限の役割別得点

　役割別の各因子得点の分散分析結果と平均値（標準偏差）を Table 5 に示した。個別援助チームにおけるコーディネーション行動については、各下位尺度すべてに役割による有意差が見られた。「説明・調整」に関しては、生徒指導主任の得点が高く、教育相談担当の長、学年主任がそれに次いでいる。「保護者・担任連携」に関しては、スクールカウンセラーの得点が高い。「アセスメント・判断」に関しては、生徒指導主任とスクールカウンセラーの得点が高く、「専門家連携」については教育相談担当の長が高い。

個別援助チームにおけるコーディネーション行動
各下位尺度すべてに役割による有意差が見られた

説明・調整	生徒指導主任の得点が高い。教育相談担当の長、学年主任がそれに次いでいる
専門家連携	教育相談担当の長の得点が高い
保護者・担任連携	スクールカウンセラーの得点が高い
アセスメント・判断	生徒指導主任とスクールカウンセラーの得点が高い

　システムに関するコーディネーション行動についても、各下位尺度すべてに役割による有意差が見られた。「マネジメント」に関しては、生徒指導主任、

システムに関するコーディネーション行動
各下位尺度すべてに役割による有意差が見られた

マネジメント	生徒指導主任・教育相談担当の長の得点が高い
広報活動	教育相談担当の長の得点が高い
情報収集	生徒指導主任・学年主任の得点が高い
ネットワーク	養護教諭・スクールカウンセラー・教育相談担当の長が得点が高い

教育相談担当の長の得点が高く、「広報活動」に関しては、教育相談担当の長が高い。「情報収集」に関しては生徒指導主任、学年主任が高く、「ネットワーク」に関しては養護教諭、スクールカウンセラー、教育相談担当の長が高い。

　これらの分散分析の結果から、高校においては複数のコーディネーターが役割分担しながらコーディネーションが行われていることが確認された。これは教師集団において必要な協働性を提唱した藤田（1996）の「分業体制・役割体系において協力しあう」関係と重なるものである。

コーディネーション能力・権限とコーディネーション行動	
各下位尺度すべてに役割による有意差が見られた	
状況判断　専門的知識　話し合い能力	スクールカウンセラーは自己の能力を高く評価している
役割権限	生徒指導主任が高く評価している
援助チーム形成	生徒指導主任と教育相談担当の長が高く評価している

※ 養護教諭は自己のコーディネーション能力について低く評価する傾向あり

　コーディネーション能力と権限についても、各下位尺度すべてに役割による有意差が見られた。「状況判断」「専門的知識」「話し合い能力」において、スクールカウンセラーは自己の能力を高く評価している。一方「役割権限」については生徒指導主任が高く評価しており、「チーム形成」能力については生徒指導主任と教育相談担当の長が高く評価している。養護教諭は自己のコーディネーション能力について低く評価する傾向が見られた。

　コーディネーション行動、コーディネーション能力・権限の分散分析の結果から、コーディネーション行動、コーディネーション能力・権限は、役割により違うことが示唆された。そこで、コーディネーション能力・権限がコーディネーション行動に与える影響についての分析は、役割ごとに行うことにした。

3 コーディネーション能力・権限がコーディネーション行動に与える影響

コーディネーション行動を従属変数とし、コーディネーション能力・権限を独立変数とした重回帰分析（ステップワイズ法）を役割ごとに行った（Table 6）。その結果について、各役割の者が主に行っていると考えられたコーディネーション行動に焦点をあてて示す。

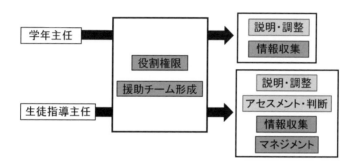

学年主任の「説明・調整」「情報収集」行動においては、「役割権限」と「援助チーム形成」能力が影響している。生徒指導主任の「説明・調整」「アセスメント・判断」「マネジメント」「情報収集」行動にはいずれも「役割権限」「援助チーム形成」能力が影響している。

教育相談担当の長の「専門家連携」「広報活動」「ネットワーク形成」行動には「援助チーム形成」能力が影響している。養護教諭の「ネットワーク」行動には「専門的知識」が影響している。

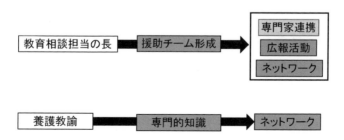

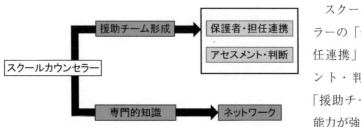

スクールカウンセラーの「保護者・担任連携」「アセスメント・判断」には「援助チーム形成」能力が強い影響を与えている。また「ネットワーク」行動については「専門的知識」がそれぞれ影響している。

　これらの結果から考察する。役割を超えて援助チーム形成能力はコーディネーション行動を支えている。この援助チーム形成能力は、大野（1997a、1997b）がコーディネーションやコンサルテーションの基盤とする、校内のネットワーク作りの能力であると言える。またスクールカウンセラーや養護教諭という心理教育的援助サービスの専門性が期待される者は、専門知識を活用してネットワークを形成している。一方生徒指導主任と学年主任は、役割上の権限が情報を収集したり活動を説明する際の基盤になっている。

　生徒指導主任の「専門家連携」に「話し合い」能力が負の影響を与えている点に注目したい。これは、生徒指導主任は話し合い能力を高くもつほど、専門家の活用に関しては他のコーディネーターに任せていると考えられる。またスクールカウンセラーの「マネジメント」行動、「情報収集」行動について、「状況判断」能力が負の影響を与えている。これはスクールカウンセラーが非常勤として勤務している現状から、「マネジメント」や「情報収集」の中心となる行動をしないほうがよいと判断していることが考えられる。

第4節　総合考察

1　コーディネーション行動とその基盤の能力・権限

　本研究では、コーディネーション行動は、個別援助チームレベルでは、アセ

スメント・判断、説明・調整、保護者・担任連携、専門家連携の4因子、システムレベルでは、情報収集、広報活動、マネジメント、ネットワークの4因子から説明できた。本研究の結果から、コーディネーション行動について2点考察する。

　第一に、専門家連携とネットワークは関連が強く、その他の校内の援助サービスのコーディネーションは相互に関連が強いという結果から、コーディネーション行動には校内の援助サービスのコーディネーションと校外とのコーディネーションの双方から検討する必要性が示唆された。これは学校教育相談の視点と一致する（大野, 1997a）

　第二に、コーディネーション行動は、本研究のコンサルテーションの定義と呼応し、システム、援助資源、援助活動の3つの調整を含むこ

```
┌─────────────────────────────────────────┐
│ ①コーディネーション行動について          │
│                                          │
│ 校内の援助サービスのコーディネーションと  │
│ 校外とのコーディネーションの双方から検討することが必要 │
│                                          │
│ ②コーディネーション行動は次の3つの調整を含む │
│                                          │
│ A) システムの調整                        │
│ B) 援助資源の調整                        │
│ C) 援助活動の調整                        │
└─────────────────────────────────────────┘
```

とが確認された。つまり、①コーディネーターは心理教育的援助サービスのマネジメントに関わり、援助サービスについて広報する（システムの調整）、②生徒の保護者・担任および校外の援助者との連携や役割分担について調整を行う（援助資源の調整）、③生徒の状況について情報収集し援助に関わるアセスメントと判断（援助活動の調整）の3つである。これはコミュニティ心理学において、専門家がコミュニティの人々と連携しながら援助していく活動（鵜飼・鵜飼, 1997）と一致する。

　次にコーディネーション行動に関わる能力・権限は、状況判断、専門的知識、援助チーム形成、話し合い能力の4つの能力と役割権限の5因子で説明できた。コーディネーション行動には集められた情報から状況を適切に判断する能力、判断の妥当性を検討するための専門的知識、判断に基づいて他のチームメンバーやシステム全体に働きかける役割権限と援助チームを形成する能力、円滑な

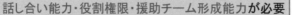

コーディネーション行動には
話し合い能力・役割権限・援助チーム形成能力が必要

有効なコンサルテーションを行うためには
専門的知識や状況判断能力が必要

人間関係を築きながら問題解決を進めるための話し合い能力が関係している。つまり、「インフォーマルな関係の上に、フォーマルな連携を上手に積み重ねる」（高畑, 1995）ために話し合い能力と役割権限、援助チーム形成能力が必要であり、そして有効なコンサルテーションを行うためには専門的知識や状況判断能力が必要になると言える。

　こうしたコーディネーション行動を支える能力や調整力には、学校組織において目的遂行に向けて教職員に影響力を及ぼし、チームをまとめるリーダーシップが関係すると考えられる。Fiedler（1967）はリーダーシップの要因として、①リーダーが得ている地位、②仕事の目標、手順がどの程度明確になっているかという仕事の構造の判断、③リーダーメンバー間の関係をあげ、リーダーシップのモデルを提示している。このうちリーダーが得ている地位は、役割権限に対応し、仕事の目標や手順の明確化は、問題状況に関する状況判断や専門知識に対応する。リーダーメンバー間の関係は、援助チームの形成や話し合い能力に対応すると考えられる。

2　コーディネーション行動における役割分担

　高校においては、生徒指導主任が生徒の状況に関するアセスメント・判断、援助チームの説明・調整、援助チーム形成のための情報収集、そして援助サービスのマネジメントにおいて中心的な役割を担っている。つまり生徒指導主任は校内ネットワークの中心として情報収集と情報発信を行い、役割上の権限と援助チーム形成能力を活用して、幅広くコーディネーション行動を行っている。これは生徒指導主任は「教職員のスタッフ組織のリーダー」「管理職と教職員の間における連結ピンとして連絡調整・指導助言を行う」という二つの職能があり、責任と権限が伴うとする佐野（1996, p102-103）の指摘と一致する。そし

て教育相談担当の長
は、援助チーム形成
能力を発揮しながら、
生徒指導主任と連携
するとともに、広報
活動や専門家連携と
いう教育相談活動の
活性化につながるコ
ーディネーションを
行っている。こうし
た教師の行うコーデ
ィネーション行動に
スクールカウンセラ

```
┌─────────────────────────────────────────┐
│ 高校において                            │
│                                         │
│ ┌──────────────┐ 援助資源が活用できる    │
│ │スクールカウンセラー│ 生徒の担任・保護者・外部の専門家等 │
│ └──────────────┘                       │
│                                         │
│ ┌──────────────┐ 外部とのネットワークの形成を除いて │
│ │  養護教諭   │ コーディネーションを担うことが少ない │
│ └──────────────┘ 基盤となる能力・権限においても自己評価が低い │
│                                         │
│ ┌──────────────┐ 援助資源が活用できる    │
│ │スクールカウンセラー│ 生徒の担任・保護者・外部の専門家等 │
│ └──────────────┘                       │
│                                         │
│ ┌──────────────┐ 外部とのネットワークの形成を除いて │
│ │  養護教諭   │ コーディネーションを担うことが少ない │
│ └──────────────┘ 基盤となる能力・権限においても自己評価が低い │
└─────────────────────────────────────────┘
```

ーが加わることで、生徒の担任、保護者、外部の専門家という援助資源が活用
される。一方養護教諭は、外部とのネットワークの形成を除いて、コーディネ
ーションを担うことが少なく、その基盤となる能力・権限においても自己評価
が低かった。養護教諭は、心理教育的援助サービスにおいて重要な存在であり
ながら、コーディネーション行動には参加していないことが示唆された。

　以上のことから、複数の専門家で行うコーディネーションに関して次の3点
が提案できる。第一
に、コーディネーシ
ョンの中心である生
徒指導主任が、教育
相談活動を促進する
教育相談担当の長、
状況判断の能力や専
門知識のあるスクー

```
３つの提言
──────────────────────────────

①生徒指導主任が、教育相談担当の長や
　スクールカウンセラーと連携を進めるシステムが必要

②教育相談担当の長に何らかの役割権限を委譲する

③スクールカウンセラーの
　組織的な位置づけや権限を検討する
```

ルカウンセラーと連携を進めるシステムが必要である。例えば、三者を含むコーディネーション委員会の定期的な開催（石隈, 1999）が考えられる。また、そうした委員会に養護教諭を所属させることで、養護教諭のコーディネーション行動への参加を促すことが可能になる。さらに生徒指導主任のコーディネーション能力を向上させる研修が必要である。第二に、教育相談担当の長が連携を円滑に行えるように、何らかの役割権限を委譲する必要がある。例えば学校組織に独立した教育相談部が設置され、教育相談部主任がクラスや学年を超えて生徒の心理教育的援助サービスに関われる体制を築くことが考えられる。特に個別援助チームのコーディネーションについての教育相談担当の長の役割権限が明確になれば、養護教諭やスクールカウンセラーの活用が進むと思われる。第三に、スクールカウンセラーが、学校内外の援助資源と連携しやすくなるよう、スクールカウンセラーの組織的な位置づけや権限を検討すべきである。そしてスクールカウンセラーの援助チーム形成能力を高める研修が必要である。

　最後に本研究の課題を4点指摘したい。第一に、コーディネーション行動尺度とコーディネーション能力・権限尺度は今回作成したものである。今回の結果からこれらの尺度がある程度使用できることが分かったが、尺度の妥当性についてさらに検討が必要である。第二にコーディネーション能力・権限尺度で測定している能力・権限は自己評価である。その能力や権限が他の教職員からどのように評価されているかとは異なっており、その解釈には限界があり、注意深く行わなければならない。第三に、今回の調査では、コーディネーション行動とチーム援助の有効性との関連性は検討されておらず、今後はどのようなコーディネーションが効果的なチーム援助に結びつくかの研究が必要である。第四に、今回は高校におけるコーディネーションについて検討した。今後、小学校、中学校についても検討し、学校種に共通する要因と学校種に特有な要因について議論する必要がある。

[引用文献]

Fiedler, F. E.　1967　*A Theory of Lerdership Effectiveness.*　McGraw-Hill.

藤田英典　1996　共生空間としての学校　佐伯胖・藤田英典・佐藤学編著　学び合う共同体

　　東京大学出版会　Pp46.

原田正文・府川満晴・林秀子　1997　スクールカウンセリング再考―コーディネーター型教
　　育相談の実践―　朱鷺書房

石隈利紀　1999　学校心理学―教師・スクールカウンセラー・保護者のチームによる心理教
　　育的援助サービス―　誠信書房

伊藤美奈子・中村健　1998　学校現場へのスクールカウンセラー導入についての意識調査―
　　中学校教師とスクールカウンセラーを対象に―　教育心理学研究，46，121-130.

黒沢幸子　1998　非常勤カウンセラーの教育相談　中野良顕・古屋健治・岸本弘編著　学校
　　カウンセリングと人間形成　学文社　Pp134-148.

黒沢幸子・森俊夫　1999　外部関係機関との連携　吉川悟編　システム論からみた学校臨床
　　金剛出版　Pp174-176.

佐野亨子　1996　生徒指導主任の職務と専門性　小島弘道編　生徒指導主任の職務とリーダ
　　ーシップ　東洋館出版社　Pp101-108.

瀬戸健一　2000　高校の学校組織特性が教師とスクールカウンセラーの連携に及ぼす影響
　　教育心理学研究，48，215-224.

下村哲夫　1998　人間形成の目標とそれにかかわる人びと―設定・組織・担当者―　中野良
　　顕・古屋健治・岸本弘編　学校カウンセリングと人間形成　学文社　Pp38-53.

高木良伸　1987　主任の役割　日本教育経営学会編　教育経営と指導者の役割　講座日本の
　　教育経営6　ぎょうせい　Pp79.

高畑隆　1995　ケアの連続性の保障，照会サービス，ケアネットワーク　山本和郎・原裕視・
　　箕口雅博・久田満編　臨床・コミュニティ心理学　ミネルヴァ書房

田村明紀子　1996　学校教育相談における連携に対する中学校教師の抵抗感―学級担任とス
　　クールカウンセラーの連携を中心に―　筑波大学大学院教育研究科修士論文　未公刊

牧昌見　1998　学校経営の基礎・基本　教育開発研究所　Pp35.

文部省　1997　中等教育資料　平成7・8年度スクールカウンセラー活用調査研究委託研究
　　収録　大日本図書

文部省　1999　中等教育資料　平成8・9年度スクールカウンセラー活用調査研究委託研究
　　収録　大日本図書

中島義美・原田克巳・草野香苗・太田宣子・佐々木栄子・金井篤子・蔭山英順　1997　義務
　　教育現場における教員の期待するスクールカウンセラー像　心理臨床学研究，15，536-
　　546.

西尾克明　1996　生徒指導主任の葛藤と人間関係　小島弘道編　生徒指導主任の職務とリー
　　ダーシップ　東洋館出版社　Pp183.

大野精一　1997a　学校教育相談とは何か　カウンセリング研究，37，160-179.

大野精一　1997b　学校教育相談―理論化の試み―　ほんの森出版　Pp114-135.

小島弘道　1996　学年主任の職務とリーダーシップ　東洋館出版社

鵜養美昭・鵜養啓子　1997　学校と臨床心理士―心育ての教育をささえる―　ミネルヴァ書
　　房

Table1　個別援助チームコーディネーション行動の因子分析（プロマックス回転後）

	F1	F2	F3	F4	共通性
＜第1因子　説明・調整＞　（ $a = .92$ ）					
22 チームのメンバーや取り組みについて職員全体に説明している。	.95	.09	-.19	-.02	.74
18 問題行動の意味や対応について職員全体に説明している。	.85	.10	-.12	-.10	.71
20 中心となって役割分担を行っている。	.84	-.07	.08	.05	.81
19 中心となって意見調整を行っている。	.80	-.06	.15	.01	.82
17 問題行動の意味や対応について管理職に説明している。	.70	.03	.08	-.11	.56
21 必要に応じて情報交換を行うように呼びかけている。	.67	-.02	.11	.17	.62
＜第2因子　保護者・担任連携＞　（ $a = .88$ ）					
12 保護者がどれくらい援助を必要としているかについて判断している。	-.06	.89	.00	.01	.68
10 対応についての保護者の方針や考えを理解している。	.04	.86	.02	-.07	.71
11 チーム援助に対する保護者の抵抗や不安を理解している。	.00	.86	.02	-.05	.70
13 保護者と担任の仲介を行う。	.17	.53	-.06	.14	.44
24 問題をもつ生徒の状況や対応について保護者と情報交換している。	.08	.47	.05	.18	.45
9 担任がどれくらい援助を必要としているかについて判断している。	.03	.46	.35	-.07	.55
＜第3因子　アセスメント・判断＞　（ $a = .86$ ）					
4 問題行動の意味や今後の見通しについて判断している。	.01	.07	.78	-.16	.59
5 学校での具体的な対応について判断している。	.25	-.01	.66	-.12	.61
3 生徒の問題を援助するとき、学校や家庭での生活状況について把握している。	-.16	.06	.64	.13	.42
1 生徒の問題を援助するとき、多くの人から情報を収集している。	.29	-.21	.59	.08	.49
2 援助的に関わってくれる人を把握している。	.02	.03	.54	.16	.43
7 対応についての担任の方針や考えを理解している。	.12	.15	.52	-.06	.49
8 チーム援助に対する担任の抵抗や不安を理解している。	-.05	.37	.46	-.08	.52
6 状況に応じて専門機関へ紹介した方がよいかについて判断している。	-.22	.20	.45	.26	.43
＜第4因子　専門家連携＞　（ $a = .68$ ）					
15 担任と専門機関・カウンセラーとの仲介を行う。	-.05	.05	.00	.73	.41
23 スクールカウンセラーや専門機関が関わっている生徒について、カウンセラーや専門機関と情報交換している。	-.04	-.08	.00	.72	.34
16 事例検討会などを開き、対応を協議するように呼びかけている。	.31	.13	-.05	.41	.38
寄与率（%）	40.8	11.0	6.7	5.5	

因子間相関		F1	F2	F3
	F2	.46		
	F3	.58	.67	
	F4	.28	.41	.40

Table   221

Table2　システムに関するコーディネーション行動の因子分析（プロマックス回転後）

	F1	F2	F3	F4	共通性
＜第1因子　マネジメント＞ （α = .89)					
34 よりよい生徒援助のために学校運営や組織改善について検討委員会を開くようによびかけている。	.92	-.03	-.15	.04	.66
33 よりよい生徒援助のために学校運営や組織改善について管理職と話し合っている。	.82	-.06	.01	.00	.61
32 自分が所属している組織の、生徒援助の活動について職員全体に知らせている。	.80	.02	.04	-.10	.63
35 よりよい生徒援助のために学校運営や組織改善について会議で発言している。	.76	.01	.04	-.09	.57
31 自分が所属している組織の、生徒援助の活動について管理職に知らせている。	.68	-.05	.18	-.01	.61
30 学校全体の生徒の様子や状況について、検討委員会を定期的に開くように呼びかけている。	.54	.09	.06	.12	.48
＜第2因子　広報活動＞ （α = .90)					
37 校内の相談ルートを保護者全体に広報している。	.02	.90	-.04	-.06	.68
36 校内の相談ルートを生徒全体に広報している。	-.08	.89	.06	-.02	.66
38j 校内の相談ルートを職員全体に広報している。	.01	.89	-.01	.02	.49
＜第3因子　情報収集＞ （α = .75)					
27 気になる生徒がいるとき、他の教師から連絡をうける。	-.06	.00	.83	.02	.55
26 生徒に問題がおきたとき、他の教師から連絡をうける。	.14	.02	.70	-.14	.58
25 生徒の状況について、他の教師と日常的に情報交換している。	.00	-.02	.60	.10	.32
28 学校全体の生徒の様子や欠席状況について把握している。	.18	.01	.43	.07	.36
＜第4因子　ネットワーク＞ （α = .72)					
39 外部専門機関の特色やカウンセラーの得意な分野について調べている。	-.05	-.04	-.01	.85	.49
41 個人的に相談できる専門機関のスタッフやカウンセラーとつながりをつくっている。	.00	-.04	-.04	.72	.45
40 相談できる外部専門機関を職員全体に広報している。	.27	.23	-.03	.47	.49
29 保健室での生徒の様子や利用状況について把握している。	-.14	-.02	.31	.43	.27
寄与率（%)	34.8	15.9	9.5	7.0	

因子間相関	F1	F2	F3
F2	.44		
F3	.55	.22	
F4	.16	.48	.08

Table4　コーディネーション能力・権限の因子分析（プロマックス回転後）

	F1	F2	F3	F4	F5	共通性
＜第1因子　状況判断＞ （α = .93)						
17 集められた情報から解決すべき問題を明確にできる。	.87	.03	.02	-.09	-.04	.73
18 援助方針の適切さについて判断できる。	.83	.12	.05	-.12	-03	.72
16 集められた情報の適切さについて判断できる。	.81	-.04	.00	-.03	.03	.66
25 情報をチーム内にどこまで、どのように伝えればよいかわかる。	.71	-.03	-.04	.12	.06	.65
22 生徒のプライバシーを尊重しながら、全体にどこまで情報を伝えればよいかわかる。	.68	-.02	-.01	.06	.11	.63
27 援助方針や方法の決め方に問題があるかどうか判断できる。	.65	.02	.06	.16	.03	.66
15 情報を共有する際に、生徒のプライバシーが守られているかどうか判断できる。	.64	-.07	.01	-.02	.20	.56
14 どんな情報をどのように集めればよいかわかる。	.59	.12	-.03	.11	.03	.59
19 実行可能な援助方法をいくつも知っている。	.57	.38	.10	-.01	-.12	.65
20 援助に対する職員全体の態度や意見について判断できる。	.54	-.04	-.06	.31	.04	.57
＜第2因子　専門的知識＞ （α = .88)						
6 グループの動き（集団力学）について専門的知識がある。	.04	.84	-.02	.06	-.06	.73
5 各発達段階における知的水準・社会性・情緒発達について専門的知識がある。	.08	.80	.06	-.11	.02	.66
7 生徒同士の良好な関係作りについて専門的知識がある。	.02	.80	-.10	.22	-.01	.74
8 精神障害について専門的知識がある。	.01	.75	-.02	-.24	.04	.57
＜第3因子　役割権限＞ （α = .84)						
29 生徒の問題に対応するとき、立場上、自分が判断する裁量が大きい。	.04	.06	.91	-.12	.00	.64
28 生徒の問題に対応するとき、立場上、自分が対応しなければならない。	-.05	-.03	.87	-.07	.01	.62
30 生徒の問題に対応するとき、立場上、すぐ対応できる。	.04	-.06	.54	.28	.00	.57
34 生徒の問題に対応するとき、立場上、他の教師から報告を受けることになっている。	.05	-.07	.44	.34	-.09	.54
31 生徒の問題に対応するとき、立場上、クラスの枠に関係なく自由に活動できる。	.12	.03	.40	.18	.08	.51
＜第4因子　援助チーム形成＞ （α = .85)						
21 学校全体の協力体制が得られるように働きかけることができる。	.22	-.06	-.05	.71	-.05	.60
24 援助の経過や状況について、自分に情報が集まるように働きかけることができる。	.24	.02	-.03	.68	-.05	.66
23 援助に関わるメンバーを選ぶことができる。	.31	-.05	-.06	.64	-.11	.59
1 自分から積極的にいろいろな教師に話しかけることができる。	-.29	.13	.13	.59	.24	.47
32 生徒の問題に対応するとき、立場上、援助にかかわるチームメンバーを召集できる。	.02	-.06	.33	.58	-.09	.64
3 教師一人ひとりの得意な分野や行動の特徴を理解できる。	-.12	-.05	.07	.56	.14	.38

Table   *223*

＜第5因子　話し合い能力＞（*a* = .82）

2 苦手な人とも人間関係を良好に保つことができる。	-.23	.06	.02	.26	.65	.44
12 話し合いのとき、参加者の気持ちが傷つかないように配慮できる。	.34	-.07	-.04	-.08	.63	.57
11 話し合いのとき、自分とは違う考えの人の意見でもじっくり聞ける。	.24	-.10	-.04	-.15	.63	.44
13 話し合いのとき、反対意見の人に対しても、上手に自分の意見を主張できる。	.19	.02	.05	.01	.56	.49
10 話し合いのとき、自由に話しやすい雰囲気を作ることができる。	.08	.25	.00	.15	.43	.52

寄与率（%）	38.9	13.5	4.9	4.5	3.8	
因子間相関		F1	F2	F3	F4	
	F2	.60				
	F3	.33	-.01			
	F4	.59	.21	.60		
	F5	.59	.48	.21	.40	

注）除かれた項目
4 生徒に問題が起こった時、担任や保護者に心配していることを上手に伝えられる。
9 学習の動機づけや一人ひとりにあった学習方法について専門的知識がある。
26 生徒の問題にチームで援助するとき、チームメンバーの役割遂行を促すことができる。
33 生徒の問題に対応するとき、援助方針にそって、チームメンバーに役割を果たさせる責任がある。

Table5　役割別の各因子得点の分散分析結果と平均値（標準偏差）

	学年主任 (n=89)	生徒指導主任 (n=83)	教育相談担当 (n=76)	養護教諭 (n=90)	スクールカウンセラー (n=87)	F値	多重比較（学年主任=1、生徒指導部長=2、教育相談担当=3、養護教諭=4、スクールカウンセラー=5）
説明・調整	0.10(0.75)	0.99(0.79)	0.14(0.85)	-0.66(0.66)	-0.53(0.76)	63.6***	1>4,5** 2>1,3,4,5*** 3>4,5***
保護者・担任連携	-0.05(0.90)	0.06(0.90)	-0.04(0.96)	-0.45(0.80)	0.49(0.94)	12.2***	1>4* 2>4* 3>4* 5>4*** 5>1,3* 5>2*
アセスメント・判断	-0.05(0.82)	0.33(0.85)	-0.05(1.01)	-0.35(0.80)	0.14(1.01)	6.8**	2>4** 2>1* 5>4**
専門家連携	-0.43(0.82)	-0.34(0.73)	0.53(0.77)	0.13(0.82)	0.06(0.88)	19.0***	3>1,2*** 3>5** 3>4* 4>1*** 4>2* 5>1*** 5>2*
マネジメント	0.02(0.70)	0.78(0.78)	0.32(0.91)	-0.38(0.79)	-0.72(0.78)	45.8***	1>5*** 1>4* 2>1,4,5*** 2>3* 3>4,5*** 4>5*
広報活動	-0.30(0.86)	0.05(0.91)	0.54(0.85)	-0.27(0.92)	0.04(0.98)	10.8***	3>1,4*** 3>2,5**
情報収集	0.24(0.75)	0.53(0.76)	0.03(0.90)	-0.16(0.71)	-0.65(0.92)	25.2***	1>5*** 1>4* 2>4,5*** 2>3* 3>5*** 4>5**
ネットワーク	-0.59(0.83)	-0.43(0.76)	0.27(0.81)	0.39(0.80)	0.36(0.76)	30.1***	3>1,2*** 4>1,2*** 5>1,2***
状況判断	-0.13(0.91)	0.04(0.90)	-0.01(1.01)	-0.42(0.81)	0.54(0.98)	12.5***	2>4* 3>4* 5>1,4** 5>2,3*
役割権限	0.20(0.84)	0.80(0.74)	-0.15(0.85)	-0.20(0.77)	-0.63(0.83)	37.3***	1>5*** 1>4* 1>3* 2>1,3,4,5*** 3>5** 4>5**
専門的知識	-0.45(0.78)	-0.34(0.82)	-0.20(0.89)	-0.01(0.74)	1.00(0.75)	47.0***	4>1* 5>1,2,3,4***
チーム形成	0.15(0.82)	0.53(0.71)	0.20(0.91)	-0.42(0.78)	-0.42(1.04)	20.2***	1>4,5** 2>4,5*** 2>1* 3>4,5***
話し合い能力	-0.20(0.96)	-0.05(0.84)	-0.05(0.86)	-0.19(0.83)	0.46(0.86)	8.5**	5>1,4** 5>2,3*

$*** p<.001　** p<.01　* p<.05$

Table 225

Table6 コーディネーション行動を従属変数とした重回帰分析における各独立変数の標準偏回帰係数（役割別）

学年主任

独立変数	説明・調整	保護者・担任	アセス・判断	専門家連携	マネジメント	広報活動	情報収集	ネットワーク
状況判断								
専門的知識		.29**	.20*	.31**	.38***			.39***
役割権限	.29**						.35**	
援助チーム形成	.45***	.42***	.63***	.35**	.51***		.29*	
話し合い								
R2	0.45	0.38	0.57	0.32	0.26	0.15	0.33	0.15

生徒指導主任

独立変数	説明・調整	保護者・担任	アセス・判断	専門家連携	マネジメント	広報活動	情報収集	ネットワーク
状況判断					.48***			
専門的知識		.23*						.38***
役割権限	.38***			.30***		.26*	.26*	
援助チーム形成	.39***	.40***	.43**	.69***	.43***		.47***	
話し合い				-0.39**				
R2	0.47	0.31	0.44	0.26	0.37	0.23	0.43	0.15

教育相談

独立変数	説明・調整	保護者・担任	アセス・判断	専門家連携	マネジメント	広報活動	情報収集	ネットワーク
状況判断								
専門的知識								
役割権限	.31**	.42**	.58***					
援助チーム形成	.40*	.35**	.28*	.47***	.58***	.37**	.63***	.44***
話し合い								
R2	0.45	0.52	0.67	0.22	0.34	0.14	0.40	0.18

養護教諭

独立変数	説明・調整	保護者・担任	アセス・判断	専門家連携	マネジメント	広報活動	情報収集	ネットワーク
状況判断			.27*	.40***			.47***	
専門的知識						.33**		.45***
役割権限	.31**		.27**		.24*			
援助チーム形成	.36***	.25*			.43***			
話し合い		.26*	.25*					
R2	0.33	0.20	0.39	0.16	0.33	0.11	0.23	0.20

スクールカウンセラー

独立変数	説明・調整	保護者・担任	アセス・判断	専門家連携	マネジメント	広報活動	情報収集	ネットワーク
状況判断				.86***	-0.63**		-0.52*	
専門的知識								.67*
役割権限								
援助チーム形成	.93***	.92***	.96***		1.33***	.76**	1.21**	
話し合い								
R2	0.86	0.85	0.93	0.74	0.89	0.57	0.78	0.44

*** $p<.001$　** $p<.01$　* $p<.05$

第10章

連携におけるコーディネーション研究2

要　旨

　A中学校における教育相談体制の変化を考慮し、X〜X＋2年度を年度ごとに3期に分けて記述する。

　いずれの期においても、係が中心となって、管理職への報告や、係体制の整備について会議に諮るなどマネジメント促進に関するコーディネーション行動を行っている。そしてその係のコーディネーション行動はSCによる組織へのコンサルテーションに支えられているといえる。また係は連携窓口として校内の広報活動も担うなど、システムのコーディネーションの中核として機能し、SCは自身が持つ専門機関とのつながりを生かしネットワークに関するコーディネーション行動を主に担っている。そして、生徒に関する情報収集は、SC、係、養護教諭がそれぞれの立場を生かして行い、それを共有することで学校全体の生徒の状況を掌握している。このことから、援助システムに関するコーディネーションについて、係が中心となりながらも、複数のコーディネーターが役割分担をしながら行っていることが示唆された。

【キーワード】マネジメント促進、コーディネーション行動、組織へのコンサルテーション

第1節　問題と目的

　近年、不登校やいじめなどの問題や特別支援教育への関心の高まりに伴い、学校や地域の援助資源を活用し、複数の援助者が協力体制をとる必要性が強調されている。

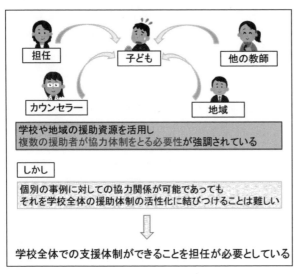

　文部科学省（2003）は、不登校の対応について、教育相談体制の充実を掲げ、学校内外の援助資源を生かした援助体制の確立と組織整備を呼びかけている。子どもの問題状況を解決するためには、個々の問題へのアプローチだけでなく、学校全体のシステムに働きかけるという視点が重要であるといえよう（伊藤, 2007）。しかし個別の事例に対しての協力関係が可能であっても、それを学校全体の援助体制の活性化に結びつけることは難しく（竹崎, 2006）、河村ら（2005）は学校全体での支援体制ができることを担任が必要としているという調査結果を報告している。

　石隈（1999）は学校教育におけるシステムを①教育制度、②教育サービスの運用・あり方、③学校における人間関係や社会システムとしての学校コミュニティの3つのレベルをあげ、学校組織のシステムとして②と③が相互に影響しあうことを指摘している。本研究では石隈の説明を参考に、学校における援助サービスシステム（以下、援助システム）を学校コミュニティにおける人間関係に支えられた、心理教育的援助サービスの運用・あり方ととらえる。

学校における援助システムを構築し、機能を十分に果たすように活性化していくには、援助システムの調整を行うコーディネーターの活動がその

本研究の定義　学校における援助サービスシステム

学校コミュニティにおける人間関係に支えられた
心理教育的援助サービスの運用・あり方

⬇

機能を十分に果たすように活性化していくには
援助システムの調整を行うコーディネーターの活動がポイント

鍵を握る。瀬戸・石隈（2003）は中学校におけるコーディネーション行動について調査し、システムレベルのコーディネーション行動は、マネジメント促進、広報活動、情報収集、ネットワークの4つで説明できることを明らかにしている。しかしこの調査研究ではコーディネーション行動が、コーディネーション行動が援助サービスシステムの活性化にどのような影響を与えるかについて検討されていない。

　援助システムの活性化について、横田（2004）は①資源の活用、②ニーズにあったプログラムやサービスの開発、③インフォーマル・サポートシステムの構築、④関連組織のリンケージといった組織運営の問題をあげている。国立教育政策研究所生徒指導研究センター（2004）は組織充実の観点として、専門家も活用した援助サービスの提供、予防的な教育相談体制、組織の整備、情報収集をあげている。つまり、機能的な援助システムとは、インフォーマル・フォーマルなコミュニケーションによって信頼関係を築き、援助資源を活用しながら、援助サービスやプログラムの開発を行い、援助サービス運用手続きを改善することで、発達を促進する援助を可能にするものといえる。したがって、援助システムの活性化とは①コミュニケーションの促進、②援助資源の活用、③援助サービスの提供とプログラムの開発、④援助サービス運営の改善の4つの観点から議論できる。

援助システムの活性化

援助システムの活性化は4つの観点から議論できる
　　① コミュニケーションの促進
　　② 援助資源の活用
　　③ 援助サービスの提供とプログラムの開発
　　④ 援助サービス運営の改善

システムレベルのコーディネーション行動に焦点をあてて
援助システム活性化への影響を検討した研究はまだ見られない

　コーディネーション行動が援助システムに与える影響については、相樂・石隈（2005）は援助サービスと援助システム構築の関係に焦点をあて、チーム援助のコーディネーションがシステム構築に関連していることを報告している。しかしシステムレベルのコーディネーション行動に焦点をあてて、援助システム活性化への影響を詳細に検討した研究はまだ見られない。そこで本研究ではコーディネーション行動が援助システムの活性化に与える影響について検討することを目的とする。

第2節　方法

1　時期　X年度〜X＋2年度（3年間）

2　対象　公立A中学校

　全校9クラスの中規模校であり、職員数は20余名である。学習や部活動に熱心に励む生徒が多いが、不登校・相談室登校の生徒は漸増傾向にある。X年度からSCが配置されるに伴って、生徒指導部に教育相談係（以下、係）1名が新たに設置され、X＋1年度は2名に増員された。X＋2年度は係が5名になり、学期に1回教育相談会議を開いている。X年度よりSC（第一筆者）が派遣されており、毎週1回4時間勤務している。

対象	公立A中学校
X年度	・X年度からSCが配置される ・生徒指導部に教育相談係1名を新たに設置
X＋1年度	・教育相談係が2名に増員された
X＋2年度	・教育相談係が5名に増員された ・学期に1回教育相談会議を開いている ・X年度よりSC（第一筆者）が派遣されており 　毎週1回4時間勤務している。

3　手続き

　援助システムおよび教育相談活動について、SCの記録と観察、係の記録、

会議資料、係へのインタビューを資料として検討する。

第3節　結果と考察

　A中学校における教育相談体制の変化を考慮し、X〜X＋2年度を年度ごとに3期に分けて記述する。

1　第1期（X年度）　SCの配置とコーディネーションチームの形成

（1）初期のアセスメントと目標の設定

　SC派遣は教職員の事前の合意を得ないまま決定されており、SC着任前に係、生徒指導部、養護教諭でSC活用について検討した。その結果、①SCへの生徒の相談は教師を通しての申し込み制にする、②SCは通信の発行や、生徒に話しかけるといった交流をしないという方針が決まった。

　方針を知ったSCは、SCに対する教師の抵抗感が非常に強いことを感じ、まず養護教諭や係から学校全体の生徒の状況について情報収集を行った。不登校を中心とした生徒の問題については担

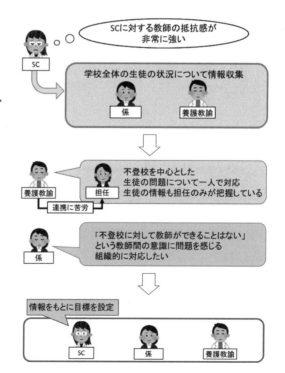

任が一人で対応しており、生徒の情報も担任のみが把握していたため、養護教諭は担任との連携に苦労していた。また係は教師間に「不登校に対して教師ができることはない」という意識があることに問題を感じ、組織的に対応したいと考えていた。こうした情報をもとに、SC はまず係、養護教諭、SC の 3 人で情報交換をしながら、生徒の問題に対応する関係を築くこと、SC や係が仲介し校内の情報共有を促進することを目標とした。

（2）実践の経過

教育相談活動の活性化：SC 着任以来、生徒や保護者からの相談申し込みが相次いだ。担任は生徒や保護者の面接時の様子について SC に尋ねることをし

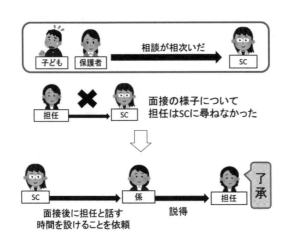

なかったため、SC は面接後に担任と話す時間を設けることを係に依頼した。係は担任に SC からの情報提供が生徒理解に役立つことを説明し、了承を得た。SC は担任の援助方針を尊重しながら、対応についての SC の判断を伝えた。SC が担任へのコンサルテーション

から得た生徒の情報は、係や養護教諭に伝え、三者で対応を検討した。そして係は SC のコンサルテーションをもとに生徒の状況や対応を管理職に報告した。また係は校内で情報を共有するために、一学期末に長期欠席の生徒についての報告書を提出するように、担任に呼びかけたが、報告書は集まらず、全クラスから提出されたのは二学期末であった。係は報告書をまとめ、全職員に配布し、SC、係、養護教諭で対応を検討した。

　　相談室登校への対応：一学期末に再登校を試みた不登校生徒が教室に入れず、

相談室登校が始まった。
二学期に入ると相談室
登校生徒は全校で5名
と増加した。係は援助
方針が不明確なまま、
相談室の管理を行って
おり、担任との役割分

相談室登校への対応　⇒　全校で5名（増加）

係

援助方針が不明確なまま，相談室の管理を行っている
⇒　担任との役割分担に悩んでいる

相談室登校の運営に関するコンサルテーション

SC

・SCが定期的に相談室登校生徒のカウンセリングを実施
・カウンセリングで得た情報をもとに
　一人ひとりの援助方針について係や担任と話し合った

担に悩んでいた。SC はこれまでの経験から、相談室登校の体制について他校の情報を多く持っていた。そこで SC は相談室登校の運営に関するコンサルテーションを係に行った。SC は①各生徒が相談室登校日誌をつける、②係は登校状況を定期的に職員に報告する、③自習と補習授業を組み合わせた時間割を作成することを助言した。また SC が定期的に相談室登校生徒のカウンセリングを行い、カウンセリングで得た情報をもとに一人ひとりの援助方針について係や担任と話し合った。

危機介入：校内で事故が発生し、保護者の要望で急遽 SC が介入することになった。生徒間に事故について話してはいけないという雰囲気があること、動揺している生徒は潜在していることが係、養護教諭からの情報でわかった。しかし、管理職は生徒に心理的援助を行う必要性を感じていなかった。SC は生徒が動揺を隠し、感情表現を抑制していることを管理職に説明し、管理職は援助の必要性を理解した。SC の職員会議への参加が認められ、生徒の心理状況をチェックポイントや対応についての資料を SC が配布し、説明した。また学年会にも SC が参加し、対応を学年教師と話し合った。

(3) 援助活動の見直し

X 年度末、係と SC で教育相談活動の見直しを行い、改善点は係が年度末の職員会議に諮った。X 年度は生徒へのカウンセリングをきっかけに SC と担任が話し合い、連携のための関係作りが進んだことが示唆された。さらに SC が危機介入の際に職員会議や学年会に参加し、教師と協力し対応できたことで

| SC | 担任 |

カウンセリングをきっかけに
連携のための関係作りが進んだ

課題

情報を共有しながら
チーム援助を行うためのシステム作りが必要

係の増員を係に助言　⇒　承認

SC に対する教師の抵抗感が軽減した。しかし、不登校に対しては依然として担任が問題を抱えこむ傾向が大きく、情報を共有しながらチーム援助を行うためのシステム作りが課題であった。また相談室登校の生徒に対して学年や教科を中心とした複数の教師が関わるようになり、校内調整を担う係の仕事が増加していた。そこで SC は係の増員を係に助言し、係は職員会議に増員を提案し、承認された。

(4) 第 1 期のまとめ

　第 1 期は教師の SC への抵抗感をアセスメントしながら、係を仲介として SC と教師の連携システム作りが始まった時期と言える。SC と係、養護教諭は生徒の状況、担任の援助の方針や抵抗感についての情報交換を行いながら、チームでコーディネーションを行った。SC は相談室運営や SC の活用について係にコンサルテーションを行い、係は援助活動について学年教師を中心に報告し、援助方針を調整した。また定期的に管理職に生徒援助の活動を報告し、年度末には係の増員について会議で提案するなど、係が援助サービスのマネジメ

SC導入の初期

| 係 |

教師・SC連携の仲介を行うものが
積極的に連携を他の教師に働きかけ

教育相談活動を
活性化させることがシステム構築に寄与する

ントの中心となって、援助システム構築を促進したといえる。SC 導入の初期
においては、係など教師・SC 連携の仲介を行うものが積極的に連携を他の教
師に働きかけ、教育相談活動の活性化に反映させることがシステム構築に寄与
するといえる。

2　第2期（X＋1年目）　SC 連携システムの構築

(1)　初期のアセスメントと目標の設定

　前年度の状況では担任の方から SC に生徒の状況を報告したり、相談を持ち
かける機会が少なかった。そこで、担任と SC が相談する機会を増やしていく
ことを目標とした。また相談室登校については、2 名に増員した係で、役割分
担をしながら組織的に対応することを目標とした。これらの目標については年
度当初に係の長と SC で話し合って設定した。

(2)　実践の経過

　教師・SC 連携の促進：係は担任に SC とのコンサルテーションを積極的に
働きかけた。また教師の相談は係に申し込みをしなくてもよいことを職員会議
で説明した。その結果、担任が SC に生徒の対応について相談したり、SC が
生徒の状況を尋ねると情報提供してくれる教師が増えた。また保健室を頻繁に
利用する生徒や、医療や関係機関との連携が必要な生徒が増え、養護教諭が担
任と協力しながら援助を行っていた。SC は養護教諭と相談し、SC が仲介して
医療機関や関係機関と連絡をとったり、関係機関を紹介することを中心に養護
教諭にコンサルテーションを行った。

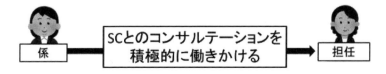

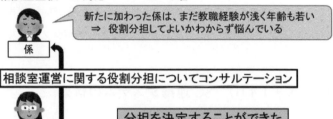

相談室登校への対応　⇒　2〜3名

新たに加わった係は、まだ教職経験が浅く年齢も若い
⇒　役割分担してよいかわからず悩んでいる

係

相談室運営に関する役割分担についてコンサルテーション

分担を決定することができた

SC

　相談室登校の対応：X+1 年度の相談室登校生徒は 2 〜 3 名であった。係は 2名に増員されたが、係の長は、新たに加わった係が、まだ教職経験が浅く年齢も若いことから、どう役割分担してよいかわからずにいた。そこで SC は係の長に相談室運営に関する役割分担についてコンサルテーションを行った。その結果、担任との連絡や校内調整は係の長が行い、相談室登校の生徒と給食をとったり、生徒との日常的な交流は新たに加わった係が中心に行うことにした。また相談室登校生徒に対する援助方針については、SC と係の長が中心になって検討し、係の長が担任や教科担任に伝えた。

　問題行動への対応：SC が継続的に面接を行っていた生徒が問題行動を起こし、担任と生徒指導部で指導方針について協議することになった。SC は本人との面接や友人からの情報により、生徒が不安定な心理状況にあるため、問題校の指導だけでなく、心理的な援助や家庭との連携が必要と考えていた。しか

SCが継続的に面接を行っていた生徒が問題行動を起こす

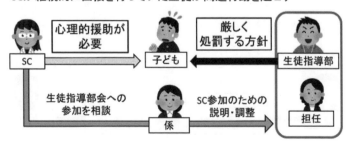

心理的援助が
必要

SC

子ども

厳しく
処罰する方針

生徒指導部

生徒指導部会への
参加を相談

係

SC参加のための
説明・調整

担任

し生徒指導部では問題行動を厳しく処罰する方向でいたため、SC は生徒指導部会への参加を係に相談した。係は生徒指導部に SC の意向を伝え、SC が話し合いに参加することで生徒の状況をより理解でき、よりよい指導につながることを生徒指導部に説明し、話し合いに参加できるように調整した。

(3) 援助活動の見直し

X + 1 年度は生徒の問題について担任と SC、担任と養護教諭を中心に話し合う機会が増えたが、全校的な体制には結びつかなかった。その原因の一つとして学年が中心となった対応であるために、他学年の情報は校内で共有されていないという問題点が想定された。SC は学校全体の生徒の援助を話し合う校内委員会のシステムを係の長に紹介し、その必要性を理解した係の長は委員会設置を管理職に働きかけた。しかし管理職は職員の反対が多いことを予想して委員会設置は難しいという見解であった。そこで SC は係の長に対して、学年教育相談係を設置し、教育相談担当者会議の形で全校的な情報交流を促進することを提案し、係の長が職員会議に諮り了承された。また SC はより早期に問題に対応するために、気になる生徒について SC と担任が気軽に交流する機会が必要だと考えた。そこで、教師との日常的な交流を深めるために、職員室の SC の座席を教師の机と隣接した場所に配置してほしいことを係の長に依頼した。

(4) 第 2 期のまとめ

係が積極的に SC と教師の仲介を行うことで、SC との連携が進み、SC が生徒指導部の話し合いに参加するなど学校組織への参画が促進された。また SC が外部専門機関とのネットワークを生かし、養護教諭への

係　積極的にSCと教師の仲介を行うことで連携が進み、SCの学校組織への参画が促進された

SC　外部専門機関とのネットワークを生かし養護教諭へのコンサルテーションを行うことで専門機関などの援助資源の活用が促進された

コンサルテーションを行うことで、専門機関などの援助資源の活用が促進されたと言える。

3　第 3 期（X + 2 年目）コミュニケーションの促進と情報共有のシステム化

(1)　初期のアセスメントと目標の設定

　校内での情報共有を促進するために、係の長、学年教育相談担当 3 名、SC、養護教諭による情報交換を学期に 1 回行うことにした。また早期に問題に対応したり、予防的な取り組みを行うためには教師自身が問題に対する知識を得て、理解を深めることが必要ではないかと係の長と SC は考えた。そこで教師に対する啓発を目的にした職員対象の通信を SC が作成して配布することを、SC から係の長に提案し、了承された。

(2)　実践の経過

　SC と教師連携の促進：SC の座席が教師の机の隣に配置され、職員向けの通信を SC が配布したことが SC と教師が日常的に交流するきっかけとなった。教師が SC との雑談の中で気になる生徒について尋ねたり、学級の様子を話す機会が増えた。気になる生徒がいる担任に対しては、係や管理職が SC への相談をすすめ、担任の SC への相談件数は増加した。一部の担任は生徒に関する情報を他の教師に報告しようとしなかったが、SC はそうした担任に対して、苦労を労い、担任の援助方針を支持する方向で話し掛けるように努めた。担任は次第に SC に対して援助方針の妥当性について相談するようになった。SC は担任と相談しながら、不登校生徒の家庭訪問、関係機

SC

座席が教師の机の隣に配置された
職員向けの通信を配布した
⬇
SCと教師が日常的に交流するきっかけとなった
⬇
担任がSCと相談しながら
不登校生徒の家庭訪問等を行えるようになった

関との連絡調整、保護者との対応を行っていった。担任と協議した結果はその都度、SC から係、養護教諭に報告した。

　養護教諭と SC の役割分担：X+2 年度は相談室登校生徒がいなかったこともあり、係の長は直接生徒の援助に関わる機会が乏しく、生徒への直接援助は担任と養護教諭が中心となって行っていた。養護教諭は生徒の状況や担任の援助方針やチーム援助に対する抵抗感を把握しており、SC が生徒や保護者の面接を行う際には、養護教諭が

生徒の状況や担任の援助方針や
チーム援助に対する抵抗感を把握している

養護教諭

SCが生徒や保護者の面接を行う際に
これまでの経過や担任の援助ニーズについて伝えた

**SCと養護教諭で情報交換を行い、援助方針について検討し
役割分担をしながら担任や保護者への援助を行った**

これまでの経過や担任の援助ニーズについて SC に伝えた。そして SC が生徒へのカウンセリングや保護者へのコンサルテーションを行った後で、SC と養護教諭で情報交換を行い援助方針について検討し、役割分担をしながら担任や保護者への援助を行っていった。

　管理職へのコンサルテーション：X+2 年度から新しく着任した校長は、積極的に生徒の援助に関わりたいという意欲をもっていたが、担任や養護教諭との間に援助方針をめぐって意見の違いが生じることもしばしばであった。そのため校長は SC からのコンサルテーションを強く望んでおり、校内の情報や生徒の経過について SC に報告し、対応を相談した。そこで SC が職員と校長の仲介となり、校長に対してコンサルテーションを行いながら、校長と職員間での援助方針の調整を行った。

　学校全体の情報共有のシステム化：係の長の呼びかけで教育相談会議が学期に 1 回開催され、各学年の教育相談担当から生徒の状況について報告がなされた。会議では全校的な生徒の状況を把握し、生徒のニーズや担任のニーズについて検討した。深刻なケースや担任の負担が大きいケースについては、養護教諭が関係機関を紹介したり、SC が面接を行うように調整するといった援助方針を会議の席上で決めた。学年教育相談係が学年に配置されたことで、学年会

で担任が生徒の状況を報告し、学年でより深く対応を検討する雰囲気が醸成された。学年会での話し合いの活性化に伴って、職員会議で担任が生徒の状況を報告するケースも増えた。

（3）援助活動の見直し

　年度末に SC と係の長で一年間の活動を振り返った。担任と SC の交流が増え、SC の活動も多岐にわたった。担任からは SC 通信によって、生徒を理解する手がかりを得ることができたと好評であり、次年度は生徒にも配布したいという意見が係に寄せられた。また教育相談会議を行ったことで、学年を超えた情報共有が可能になり、学校全体の生徒の状況を把握し、各ケースの援助の妥当性について複数の視点で検討することができた。そこで次年度は教育相談会議を毎月 1 回開催することを係と SC で話し合った。その一方で係の長は「事例について養護教諭と SC が中心となって直接対応し、係が窓

担任とSCの交流が増え、活動も多岐にわたった
SC通信も好評

教育相談会議により、学年を超えた情報共有が可能に
⇒　毎月1回開催することを検討

係が窓口として仲介しなくとも、SCと担任が
連携できたので、係としての役割が不明瞭に

係，養護教諭，SCの三者の
役割分担を明確にすることが課題

口として仲介しなくとも SC と担任が連携できるようになった結果、係としての役割が不明瞭であった」と振り返った。次年度以降は、係、養護教諭、SC の三者の役割分担を明確にすることが課題となった。

（4）第 3 期のまとめ

　SC と養護教諭が中心となって、援助方針を検討することで三次的援助サービスの充実が図られた。また SC と担任の日常的な交流というインフォーマル

なコミュニケーションと教育相談会議の開催というフォーマルなコミュニケーションにおいて、気になる生徒の早期発見、早期対応が行われ、二次的援助サービスが展開された。また職員向けの通信発行によって、生徒の問題を担任が理解するきっかけとなり、次年度からの一次的援助サービスの提供につながったといえる。

第4節　総合考察

1　事例のまとめ

　A中学校の実践における援助システムの変化、主なシステムのコーディネーション行動について整理する。なお、コーディネーション行動については、瀬戸・石隈（2003）を参考にした。

　第1期では個別の事例への対応が中心であったが、係がSC連携の窓口として、SCへの相談ルートを生徒や保護者

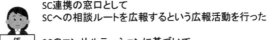

| 第1期 | 個別の事例への対応が中心 |

係
SC連携の窓口として
SCへの相談ルートを広報するという広報活動を行った

SCのコンサルテーションに基づいて
他の教師との調整等、マネジメント促進行動を行っている

に広報するという広報活動を行った。またSCのコンサルテーションに基づいて、係が生徒援助の活動を管理職に報告したり、相談室登校の運営について他の教師と調整し、係の人員増員を職員会議に働きかけるなどマネジメント促進行動を行っている。

　第2期はSCが日頃からの外部専門機

第2期

SC
外部専門機関に対する
つながりを生かしたネットワーク活動

養護教諭や係に加えてSCも情報収集の一端を担った

係
校内委員会の設置を管理職に働きかけたり
教育相談係のさらなる増員を職員会議で呼びかけた

関に対するつながりを生かしたネットワーク活動を行い、養護教諭へのコンサルテーションによって、援助資源が活用しやすくなった。また教師と SC の連携がすすむにつれて、教師が SC に生徒の情報を提供するようになり、養護教諭や係に加えて SC も情報収集の一端を担った。また SC のコンサルテーションに基づいて、係が校内委員会の設置を管理職に働きかけたり、教育相談係のさらなる増員を職員会議で呼びかけた。

第3期

教師の交流がさらにすすみ日常的な情報交換等
情報収集活動がさらに活発になった

SC　校内体制の調整を行うなどマネジメント促進に関与した

気になる子どもの状況について
定期的に検討する教育相談会議の開催を呼びかけた

係　マネジメント促進を中心となって行った

第 3 期は係が定期的に気になる子どもの状況について検討する教育相談会議の開催を呼びかけた。また SC と教師の交流がさらにすすみ、生徒の状況について日常的に情報交換したり、気になる生徒について連絡を受けるといった SC の情報収集活動がさらに活発になった。マネジメント促進は係の長が中心に行ってきたが、この期においては、係に加えて SC も管理職に対してコンサルテーションを行い、校内体制の調整を行うなどマネジメント促進に関与している。

システムのコーディネーションの中核として機能

係　いずれの期においても、係が中心となって
マネジメント促進に関するコーディネーション行動を行っている

SCによる組織へのコンサルテーションに支えられている

**ネットワークに関する
コーディネーション行動を主に担っている**

SC

それぞれの立場を生かして、生徒に関する情報収集

SC　　　係　　　養護教諭

共有

学校全体の生徒の状況を掌握

いずれの期においても、係が中心となって、管理職への報告や、係体制の整備について会議に諮るなどマネジメント促進に関するコーディネーション行動を行っている。そしてその係のコーディネー

ション行動は SC による組織へのコンサルテーションに支えられているといえる。また係は連携窓口として校内の広報活動も担うなど、システムのコーディネーションの中核として機能し、SC は自身が持つ専門機関とのつながりを生かしネットワークに関するコーディネーション行動を主に担っている。そして、生徒に関する情報収集は、SC、係、養護教諭がそれぞれの立場を生かして行い、それを共有することで学校全体の生徒の状況を掌握している。このことから、援助システムに関するコーディネーションについて、係が中心となりながらも、複数のコーディネーターが役割分担をしながら行っていることが示唆された。

2　コーディネーション行動と援助システムの活性化

(1)　コミュニケーションの促進

　第 1 期は係、養護教諭、SC が定期的に生徒の状況について情報交換を行うことで、援助者間でのコミュニケーションの促進が中心に行われた。また係が仲介し、SC と担任が生徒援助について話し合う機会を設定することで、担任と SC での情報交換が行われ、そこで得られた情報は養護教諭や係と共有された。第 2 期は SC と担任の交流がより進み、担任から SC に対して生徒に関する情報提供が行われるようになった。第 3 期では係が中心となって教育相談会議を開催し、学年教育相談担当や養護教諭、SC が収集した情報を検討することで学校全体の生徒の状況を把握できるようになった。このことがフォーマルな形での情報共有につながり、担任による問題の抱え込みの解消に影響を与えた。

　学校内での情報ネットワークが機能しないと協力・連携体制の基盤は脆弱なものとなり（岡東, 2001）、有機的に機能していない学校では情報伝達に歪みや情報の占有がみられる（淵上, 1996）。コーディネーターや担任が占有していた生徒に関する情報を様々な機会や方法を通じて収集・整理・発信することが学校全体のコミュニケーションを促進することにつながったといえる。

(2) 援助サービス運営の改善

　第1期は生徒指導部内に教育相談係を新たに設置し、SC との連携や相談室登校の運営を担った。SC は係に運営の改善についてコンサルテーションを行い、係は改善点を会議に諮ることで年度末には教育相談に関わる人材が増えることが認められた。第2期は複数になった係の役割分担を明確にすることで、相談室運営がよりスムーズになった。またコーディネーション委員会に代わるものとして教育相談担当者を学年に配置することを係が職員会議に提案し了承された。第3期は各学期に一回の教育相談会議を開催し、次年度は教育相談会議を毎月行うことが係の判断で決められた。

　校長など管理職は教育目標を達成するために必要な予算や人材を割り当て学校をマネジメントしていく機能を担っている（小島, 2002）。係が組織の問題点についての意見を職員会議で述べ、改善案を提示することで、校長は生徒へのよりよい援助サービスの提供のために、SC や係の配置などを行った。つまり、校長が行うマネジメントが促進され、援助サービス運営が改善されたといえる。

(3) 援助資源の活用

　第1期は SC への抵抗感に配慮しながら、係が窓口となって不登校を中心に生徒や保護者の面接に SC を活用した。また SC のコンサルテーションをもとに、係が校内調整を行い、相談室登校生徒の学習援助に教科担任を活用した。第2期は SC を生徒指導部での話し合いに参加させ、問題行動への援助に対しても SC を活用している。第3期は SC がネットワークを生かし、養護教諭へ関係機関の紹介を中心としたコンサルテーションを行うことで外部専門機関の活用が進んだ。

　学校は様々な援助資源を有するコミュニティである（鵜養・鵜養, 1997）。SC が援助資源の活用について係や養護教諭に対するコンサルテーションを行うことで、ネットワークの活用や援助資源へのアクセシビリティを高めた（黒沢, 2004）といえる。

（4）援助サービスの提供とプログラム開発

> **第1期〜2期**　SCの活動は個別の援助サービスの提供に限られていた
> ⇨　三次的援助サービスは充実したが
> 　　二次的・一次的援助サービスにはつながらない
>
> **第3期**
> ・　三次的援助サービスのさらなる充実
> ・　SCと担任の職員室での
> 　　情報交換による二次的援助サービス
> ・　通信の配布による一次的援助サービス展開のきっかけ

　A 中学校においては第 1 期から第 2 期にかけては主に不登校を中心とした援助ニーズの高い生徒に対する援助サービスの提供、第 3 期は気になる生徒への早期対応や予防・開発的な援助サービスの提供という方針で教育相談活動を見直している。これを学校心理学（石隈, 1999）の一次的援助サービス、二次的援助サービス、三次的援助サービスという枠組で整理する。第 1 期から 2 期においては、SC の活動は不登校生徒や相談室登校生徒に対する保護者や生徒の面接、および担任や養護教諭との連携といういう個別の援助サービスの提供に限られていた。その結果三次的援助サービスは充実したが、二次的、一次的援助サービスにはつながらないという限界があった。第 3 期においては、教育相談会議で配慮が必要な生徒を発見し、不登校や医療機関との連携が必要な生徒について、SC や養護教諭が担任と援助方針を検討することで三次的援助サービスを充実させた。また第 3 期は SC と担任の職員室での情報交換によって、配慮すべき生徒の早期発見や早期対応という二次的援助サービスを行っている。また SC が通信を配布することによって、教師が生徒の心理的成長を理解する手がかりとなり、一次的援助サービスを展開するきっかけを作った。

3　実践への提言

　実践過程から、援助システム活性化におけるコーディネーションについて以

下の点が提案できる。

　第 1 に個別の援助サービスとシステム構築の双方のコーディネーターによる話し合いの機会が必要である。事例においては主に養護教諭と SC が個別の援助のコーディネーションを担い、係（係の長）は SC のコンサルテーションに基づき、システムのコーディネーションを主に担っていた。しかし、個別事例に関する援助サービスと援助システム構築は相互に関連している（相樂・石隈, 2005）。個別の事例に関わりながら起こってきた問題をシステム改善に反映させるには、コーディネーターチームの中で個別の援助サービスとシステム改善の両方について検討することが必要といえる。

　第 2 にチームでコーディネーションを行う際の役割分担と教育相談係の職務内容の明確化が必要である。事例において係、養護教諭、SC は個別の援助やシステムに関するコーディネーションの中心となって活動しており、教育相談係は SC 連携の窓口及び相談室登校の運営を中心に担っていた。しかし、SCと教師の連携が進み窓口としての機能が薄れるにつれて、教育相談係としての仕事内容が不明瞭となった。相馬（1994）は教育相談係への調査から「時間的なゆとりがない」ことに次いで「係としての役割や仕事の内容があいまいであること」に係が悩んでいるという結果を報告している。特別支援教育や不登校対応のコーディネーター役として教育相談係の活動が期待されているがコーディネーターの活動は多岐に渡っており、現実には複数のコーディネーターが協力し合い、コーディネーションが行われている（瀬戸・石隈, 2003）。チームでコーディネーションを行う場合に、コーディネーションのどの部分を担うかについて役割分担を明確にすると同時に、係の職務内容を明確化することで教育相談係が活動しやすい状況が生まれるといえる。

　第 3 に SC の組織へのコンサルテーション能力の向上が必要である。井上（2005）はアメリカにおいては組織改革（援助システムの修正）は SC の果たすべき役割に入っているが、日本においては業務の対象外となっていると日米のスクールカウンセリングを対比している。その一方で、河村ら（2005）は教師が SC に対して組織へのコンサルテーションを期待しているという調査結果を

① 個別の援助サービスとシステム構築の
　双方のコーディネーターによる話し合いの機会が必要

② チームでコーディネーションを行う際の役割分担と
　教育相談係の職務内容の明確化が必要

③ SCの組織へのコンサルテーション能力の向上が必要

報告している。個別の子どもへの援助を支えるためには、校内の援助システム作りは不可欠である。非常勤として複数の学校に勤務している SC が多い現状を生かし、SC が他校の援助システムの情報を積極的に収集し、管理職および教育相談担当教師、生徒指導主任などといったミドルリーダーシップを発揮する教師に対して組織へのコンサルテーションを行うことで、学校全体の持つ援助サービスが向上すると考えられる。SC に対して、学校組織に対する理解や組織のアセスメント、組織へのコンサルテーションに関する研修を行うことがのぞましい。

　最後に本研究の課題を指摘しておきたい。第 1 に学校種別の実践事例について検討し、比較研究を行う必要がある。第 2 に 1 事例による研究という限界があるため、今後数量的調査から検証していく必要があろう。

[引用文献]

淵上克義　1996　職場内での教師の人間関係（蘭千壽・古城和敬編　教師と教育集団の心理）誠信書房

古川久敬　1990　構造こわし―組織変革の心理学　誠信書房

古川久敬　1998　組織デザイン論　誠信書房

黒沢幸子　2004　学校臨床活動における保護者援（倉光修編　学校臨床心理学）　誠信書房

小島弘道　2002　21 世紀の学校経営をデザインする　教育開発研究所

岡東壽隆　2001　学校の組織文化の構造と特質（児島邦宏・天笠茂編　学校の組織文化を変える）ぎょうせい

石隈利紀　学校心理学　1999　誠信書房

国立教育政策研究所生徒指導研究センター　2004　不登校への対応と学校の取組についてぎょうせい

文部科学省　2003　不登校への対応の在り方について（通知）

西山久子・淵上克義　2005　教育相談システムを機能化するための学校組織特性に関する研究の動向　岡山大学教育学部研究集録 129, 1-9.

相樂直子・石隈利紀　2005　教育相談のシステム構築と援助サービスに関する研究―A 中学校の実践を通して―　教育心理学研究 53, 579-590.

佐古秀一　1996　学校の組織特性と教師（蘭千壽・古城和敬編　教師と教育集団の心理）　誠信書房

瀬戸美奈子・石隈利紀　2003　中学校におけるチーム援助に関するコーディネーション行動とその能力および権限の研究―スクールカウンセラー配置校を対象として―　教育心理学研究 51, 378-389.

相馬誠一　1994　学校教育相談に関する調査研究　大宮市立教育研究所研究紀要　大宮市立教育研究所

鵜養美昭・鵜養啓子　1997　学校と臨床心理士　ミネルヴァ書房

横田恵子　2004　ヒューマンサービスの組織（金沢吉展編　臨床心理的コミュニティ援助論）　誠信書房

竹崎登喜江　2006　スクールカウンセラーによる定期的な家庭訪問が教師の不登校対応に効を奏した事例　カウンセリング研究 39, 281-189

河村茂雄・武蔵由佳・粕谷貴志　2005　中学校のスクールカウンセラーの活動に対する意識と評価―配置校と非配置校の比較―　カウンセリング研究 38, 12-21.

井上孝代　2005　学校臨床におけるカウンセラーの多面的・包括的役割（下司昌一編集代表　カウンセリングの展望）ブレーン出版　Pp243-259.

伊藤亜矢子　2007　学校でのコミュニティアプローチ（伊藤亜矢子編著　学校臨床心理学）北樹出版　Pp12-26.

おわりに

　学校現場の合言葉である生徒指導体制の実際はどうなっているのか、日々の指導実践のクライマックスに欠かせないであろう生徒指導体制とは何を指すのか、年代や校種などによる個々の教師認識の差異を通して、その実際に接近しようとするのが本書の目的でありました。

　生徒指導体制にかかわる数量的な研究論文を中心にした新たな試みは、筆者の独り相撲に陥りやすい側面も否めません。また、現場の先生方の実践に対する理解の浅い面や説明の不十分な点も多々あると思います。

　本書作成にあたり、調査研究のご協力をいただいた皆様にあらためてお礼を申しあげます。ベースとなった研究論文の理解をサポートするため、本文には、補助的な説明スライドを要所要所に加筆しています。三重大学教職大学院の院生の皆さんにより作成されたものです。森川厚実さん、稲垣知大さん、大下竜平さん、松葉光平さん、松葉憲彦さん、渡辺瑛大さん、に心よりお礼を申し上げます。スライドの作成にかかわる検討会は、いつも新鮮な問いかけが繰り広げられていました。と同時に、深い洞察が生まれる時間でもありました。また、教職大学院の院生ならではの「実践と理論の融合」におけるダイナミズムが発揮される時間でもありました。

　第1章の研究論文の出発点となった生徒指導モデルを作成した17人の北海道教育大学・教職大学院の院生の皆さん、札幌キャンパス、旭川キャンパス、釧路キャンパス、の皆さん、また第2章、第3章、第4章、第6章、第7章、第8章、第9章、第10章、のアンケート調査にご協力いただきました先生方、並びに教育委員会の皆さんに改めて感謝の意を表したいと思います。

　また筆者の勤務する三重大学・教職大学院の森脇健夫教授、須曽野仁志教授、織田泰幸准教授、田邉正明教授、市川則文教授、栢森和重教授、中西良文教授、三浦洋子元准教授、園部友里恵准教授、前原裕樹准教授、前任校である北海道

教育大学・教職大学院の先生方には、いつも励ましの声をかけていただき、研究の刺激を与えていただきました。並々ならぬご支援をいただきましたこと、この場を借りてお礼を申し上げます。

　最後に、前著に続いて今回出版の機会を与えてくださった風間書房・風間敬子さんに、お礼を申し上げます。「現場の役に立つきちんとした本」をコンセプトに、辛抱強く、おつき合いいただきましたこと、心よりお礼を申し上げます。

【著者略歴】

瀬戸　健一（せと　けんいち）　第1章から第8章担当

岩手大学工学部卒業、岩手大学大学院工学研究科修了、筑波大学大学院教育
研究科教科教育専攻修了、2006年　博士（教育学）筑波大学
公立学校教諭、筑波大学大学院非常勤講師、東京農業大学生物産業学部准教授、
北海道教育大学教職大学院教授を経て、現在、三重大学教職大学院特任教授

主要論文・著書

「生徒指導体制における共有理論と固有理論の研究」（三重大学教育学部研究
紀要, 2017）、「図説 問題行動対処法 Q&A」（風間書房, 2016）、「教師ビリー
フと指導の悩み・悩みのサポート・組織評価の関連―生徒指導の問題の対応
に着目して―」（日本高校教育学会年報, 2014）、「省察力を高める実践テキス
ト―生徒指導のあり方を問う―」（風間書房, 2012）、他

瀬戸　美奈子（せと　みなこ）　第9章から第10章担当

筑波大学第一学群人文学類学士課程卒業、筑波大学大学院教育研究科修士課
程修了、2010年　博士（心理学）筑波大学
北海道教育委員会スクールカウンセラー、北見工業大学学生相談室カウンセ
ラー、関西福祉科学大学専任講師、三重大学教育学部准教授を経て、現在、
三重大学教養教育院教授、兼担、教育学部教授

主要論文・著書

「ボクの・ワタシの部屋に入らないで―思春期の親離れ―」（児童心理, 2018）、
「大学と教育委員会が連携した学校コンサルテーションの実践―不登校の組織
的支援にむけて―」（日本教育大学協会研究年報, 2017）、他

生徒指導体制を構築するための実践ガイド
―データでみる教師認識の特性―

2021年9月15日　初版第1刷発行

著　者　　　瀬　戸　健　一
　　　　　　瀬　戸　美奈子

発行者　　　風　間　敬　子

発行所　　株式会社　風　間　書　房

〒101-0051　東京都千代田区神田神保町 1-34
電話 03（3291）5729　FAX 03（3291）5757
振替 00110-5-1853

印刷　堀江制作・平河工業社　　製本　井上製本所